在台灣

尋找Y字路

台湾、
Y字路さがし。

Y字路より探りあてる、
あなたの知らない台湾の物語。

栖來光
栖來ひかり Sumiki Hikari

譯— 邱函妮

Y字路述說台灣的故事

水瓶子

　　到日本旅行，喜歡到老喫茶店喝杯咖啡休息，觀察剛開店時老夫婦的不用言語、彼此分工的態度，把燈箱、菜單架子推出去，打開窗戶後準時地把開業的木牌面向門外。Y字路喫茶店的糖罐、杯子，雖然很陳舊，但是透過光線折射，不同角度看都有不同的風情。來用餐的常客顧自地看著店內書櫃的漫畫，一切都不用多言，大家一起享受著這共同的空間。

　　關於「Y字路」，在台灣人的印象中，大部分是用「三角窗」來形容位於街角的商店。看完了這本書，很難想像作者從日本來到台灣，才居住了十年。生活在台北的我們，看著每天經過的「三角窗」，漸漸從兒時的「柑仔店」轉變為「便利商店」，或許會有母親與老闆娘在「亭仔腳」聊天的記憶，但從來沒想到曾經有小水圳、土地公廟，甚至是舊鐵道的遺跡。

　　栖來光從老地圖中扮演柯南的角色，在現代都市叢林中尋找歷史的蛛絲馬跡，每一個Y字路好像活起來跟我們述說當地曾經發生的故事。這本書很值得拿在手上，到某一個「Y字路」仔細地對照老地圖，回顧此地所發生的故事。

　　東山彰良的《流》，對於台北老城區這個場景，放入了因為終戰後

Y 字路が語る台湾のはなし

水瓶子

　日本に旅行にいき、古い喫茶店にはいって一息いれる時間が好き
だ。あるとき Y 字路に立つ喫茶店を通りかかると、老夫婦が黙々と分
担しながら開店の準備をしていたので観察してみた。電飾スタンドと
メニュー看板を表にだして、雨戸を開ける。時間ぴったりに「休憩中」
の木の札が裏がえる。

　砂糖入れやグラスは、かなり年季がはいっている。とはいえ、鋭角
の窓から差しこむ光線の屈折具合にあわせ、からだの位置を変えれば
違った風情がみえてくる。常連客は店内の本棚にならぶマンガ本を読
みふけり、不要なおしゃべりはいっさい無い。しかし誰もがこの空間
をエンジョイしている。

　「Y 字路」という言葉は、台湾人の印象に即していえば、商店街の
「三角窓」といった形容のほうが、通りがいいかもしれない。この本
を読み終えて、作者が日本から台湾にきてたった 10 年、というのが信
じがたかった。台北で生活していれば、毎日のように「三角窓」を通
りすぎる。「三角窓」といえば、子供のころは駄菓子屋で今はコンビ
ニになったあの角、あるいは母親と店のおかみさんがお喋りに興じて
いた古いレンガ状アーケードの角といった記憶はあれど、まさかそれ
が小さな水路や、氏神様の社や、古い鉄道の名残とは思いもよらなか

來自各地的人，提醒我們必須更深刻地面對歷史；吉田修一的《路》，在高鐵現代化建設的過程中，說出了台日三個世代的糾葛；我想這本書將會是一個起點，讓我們更珍惜這座城市的發展，珍惜地理環境，反省我們到底要留給後世什麼樣的城市？

人生往前走非常容易，但回頭咀嚼當中的酸甜苦辣，的確非常不容易！

我們的城市目前也在開發路上面臨了「Y字路」抉擇；對於到底是要全部拆除、還是全部保留，向右走或向左走的難題，台灣獨特地經常用「火」來解決問題，或許哪一天書中的「Y字路」也會逐漸消失，但這樣多樣性的路口，是不是給我們一個「新舊並存」的啟示呢！

（本文作者為青田七六文化長）

った。

　栖来ひかりさんが古地図のなかで演じてみせるのは「名探偵コナン」の役だ。現代の都市ジャングルの中から蜘蛛の糸のように細い歴史の痕跡をたぐりよせる。各々の「Y字路」は生きているかのごとく、その地で起こった出来事を語りかけてくる。この本を手にどこかの「Y字路」に立って、古地図と照らし合わせながら、そこで生まれた物語に耳を傾けてみればどんなに楽しいか……。台北の古いエリアを舞台に、終戦後に各地から台湾にやってきた人々を役者に仕立て、ぼくらのきた歴史と深く向き合った東山彰良の『流』。吉田修一の『路』は、現代の台湾高速鉄道の建設過程のなかで、日台における三世代のもつれを描きだした。そしてこの『台湾、Y字路さがし。』は、地理のもたらす環境に配慮しながら街の発展を熟考し、次の世代にどんな街を残せるかを考えるためのスタート地点となるだろう。

　人生をまえに進めるのはわりと簡単だけれど、かつての酸いや甘いをわきまえるのは、確かに容易なことじゃない。

　ぼくらの街が発展してく途中の「Y字路」で直面する二者択一とは、つまりそれを全て取り払ってしまうのか、まるごと残すのか、右に行くか左に行くかという難題だ。台湾で昔ながらに用いられてきた「火」で燃やし尽くして解決するのか。本に出てきたようなY字路もいつか全部、消えうせてしまうのか。しかし、こんなに多様性をもった面白い街角を失ってしまっていいものか。

　それは未来における「新旧混在」というあり方について、Y字路がぼくらに与えてくれるヒントといえそうだ。

　　　　　　　　　　　　　　　　　　　（青田七六文化長）

在台灣尋找 Y 字路

若說發明「Y字路」這個名詞的是日本代表性平面藝術家——橫尾忠則,應該是毫無異議吧!橫尾忠則的「Y字路系列」,是以故鄉的Y字路風景為主題,並混雜了過去、現在、未來、幻想與現實的系列作品,充滿魅力,也是我十分喜歡的繪畫作品。我的第一本書《在台灣尋找Y字路》得以出版,要感謝創造出「Y字路」概念的橫尾忠則。首先,我要以心電感應的方式,將發自內心的感謝與尊敬,傳送給橫尾先生。

我對Y字路最早的記憶,可以追溯至小學時期。當時,我住在山口縣山陰地方的小城鎮,正值1980年代的前半期,從明太子工廠排出有如鮮血般的紅色廢水,發散出腥臭氣味,直接注入河川。從學校返家途中,我會經過跨越有著明太子顏色的河川橋樑,那裡正是「Y字路」的所在。然而,左右兩邊的道路,都可以通往位於高地且靠近海邊的家。

右邊的道路,是我上下課通學的必經之道,然而隨著年紀增長,結交了住在左邊道路上的同學。為了可以和同學多相處一會兒,有時我會經由左邊的道路回家,由於學校規定上下學的道路是右邊的路,因此往左邊走的話,總會感到一絲罪惡感!而且,往左邊回家的路上,會經過一段非常難走的陡峭坡道,讓我氣喘吁吁,甚至覺得心臟快要停止,也曾經被一群野狗追趕。即便如此,我還是經常偷偷從左邊的道路回家。

台湾、Y字路さがし。

　「Y字路」という言葉を発明したのは、日本を代表するグラフィック・アーティストの横尾忠則氏というのに異論はないように思われます。横尾氏の「Y字路シリーズ」は、氏の故郷のY字路風景を、過去・現在・未来・空想・現実とまぜこぜに描いた、魅惑的で大好きな絵画シリーズです。わたしの初めての著書として「台湾、Y字路さがし」を出版できるのも、「Y字路」という概念を生んでくださった横尾忠則氏のおかげです。まずは横尾さんに、心からの感謝と尊敬のテレパシーを送ります。

　わたしにとってのY字路の最初の記憶は、小学生時代に遡ります。当時わたしは、山口県の山陰がわにある小さな町に住んでいました。時は1980年代の前半。明太子工場から出る鮮血のように紅く生臭い排水が、川へ流れこんでいました。学校からの帰り道、明太子色した川にかかった橋を渡ったところが「Y字路」でした。左右どちらの道を進んでも、海に近い高台にある我が家までたどり着くことができました。

　右は通い慣れた通学路でしたが、学年があがり、左の道を途中まで共に帰る友人ができました。少しでも長く一緒にいたくて左から帰りたい。でも学校の定めた通学路は右の道だったので、左をゆくのに罪

去程開心，歸途卻感到害怕。要往右邊走？還是往左邊走？

這是我的「Y字路」原始風景，二十幾年後再回到童年居住的城鎮，河川已看不見明太子色調，印象中距離遙遠的學校，實際上也不太遠。

回首過往，我曾經遇見無數的Y字路，必須選擇要往左還是往右。十年前，我也面臨人生重要的Y字路，後來由於結婚的緣故，我選擇了通往「台灣」的道路，在這之前，從未想到有一天會定居在台灣。

如今，我在台北住了十年。這段期間，街道的樣貌一點一滴地改變，有許多東西消失，又出現新事物。然而，卻沒有人留意消失的事物。好像從一開始就不存在的樣子，他們只是漠然地從旁經過。

台北留下許許多多的Y字路。藉由對照以前的地圖，可以了解到Y字路的形成過程，並且挖掘出埋藏其中的故事，當我意識到這一點時，台北的街道，便突然從原本尋常的三度空間，變成四度空間，宛如戴上IMAX電影的3D眼鏡一般，原本早已遺忘卻埋藏其中的「消逝的時光」倏忽出現，歷歷在目。從那天起，我開始著迷於尋找Y字路，雖然不是捕捉寶可夢，然而我卻像在捕捉Y字路般地穿梭於台北的大街小巷之中。

這本《在台灣尋找Y字路》，是我「Y字路GO」的台北生活集錦。在我所遭遇的Y字路上，我聽見了台北的各種聲音，清代、日本時代、戒嚴時期以及屬於我的回憶。在不同的頻道之間，我一邊調整調諧器，一邊將我所聽到的聲音記錄下來，並透過混音處理，完成了獻給台灣的情歌。

悪感がいつもありました。そのうえ、左から家にたどり着くまでは、右から帰るよりもずっと過酷な「心臓破りの坂」がありました。野犬の群れに追われたこともあります。それでもよく、こっそり左側を選んで帰りました。

　行きはよいよい、帰りはこわい。右に行こうか、左にいこか？

　これがわたしの「Y字路」についての原風景です（20年ほど後にふたたび町を訪れましたが、すでに川は明太子色でなく、遠いと思っていた学校も印象ほどに遠くはありませんでした）。

　思えばこれまで、無数のY字路にさしかかり、右か左かを選んできた気がします。10年前も、わたしは大きなY字路に立っていました。そして結婚という事件に背中を押され、「台湾」に繋がる道のほうをきました。台湾に住むようになるとは、それまで思ってもみませんでした。

　それから台北で過ごした10年のあいだ、街はすこしずつ姿を変えました。沢山のものが失われ、生まれました。消えたものに注意を払う人はいません。ずっとまえから存在しなかったみたいに、ただ前を通りすぎていきます。

　台北には沢山のY字路が残っていました。昔の地図と照らしあわせてY字路の成り立ちを知ることで、埋もれた物語が掘り起こせることを発見したとき、普通の三次元だった台北の街が突如、「失われたとき」を帯びた四次元的なものとして立ち現れてきました。まるでIMAXの立体眼鏡を手に入れたみたいに。その日から、Y字路探しに夢

　　這本書的出版要感謝協助中文翻譯的邱函妮女士，以及給我許多意見的作家水瓶子先生，協助日語校對的田中美帆女士，一直替我打氣加油的家人與朋友，研究台灣文獻的前輩與學者，給我出版機會的玉山社魏淑貞女士、蔡明雲女士等人，在此誠摯地致上我的感謝之意。

2016 年 10 月 10 日　栖來光

中になったわたしは、ポケモンならぬ Y 字路を捕まえようと、台北じゅうを歩きまわりました。

　この『台湾、Y 字路さがし。』は、わたしの「Y 字路 GO」な台北生活の集大成です。みつけた Y 字路で台北のいろんな音を聞きました。清代。日本時代。戒厳令時代。わたし個人のおもいで。いろんなチャンネルにチューナーを合わせながら聞こえてくる音を書き留めてミックスしたところ、できあがったのは台湾へのラブソングでした。

　この本の出版にあたり、中国語翻訳の邱函妮さん、様々な助言をくれた作家の水瓶子さん、日本語の校正を手伝ってくれた田中美帆さん、応援してくれた家族や友人たち、そして台湾に関する文献を残してくれた沢山の先人と、出版の機会をくださった玉山社の魏淑貞さん、蔡明雲さんに、心よりの御礼を申し上げます。有難うございました。

2016 年 10 月 10 日　栖來ひかり

台北市同安街 28 巷
╳
牯嶺街 95 巷

往右？往左？
右か、左か。

　　在探訪台北各處的日式老房子時，讓我發現到台北有許多「Y字路」（三岔路口，或者有更多條路交會的路口），也令我暗自忖度這應與清領、日治及中華民國各時期的都市計畫有關，在這裡面應該埋藏了各自的故事。

　　「Y字路」總有種難以名狀的神秘氛圍，令人難以抵禦它的魅惑。禁不住「Y字路」的深深吸引，日本畫家橫尾忠則，即曾以「Y字路」為主題，創作了一系列畫作。

　　信步走在街道巷弄中，「Y字路」乍然露出臉來，強迫我於「往左」和「往右」之間做出選擇；在左邊或右邊道路的盡頭，似乎隱藏著什麼。想著這選擇將對我人生帶來或大或小的變化，不禁心情忐忑、腳步猶豫，而「Y字路」卻用一副事不關己

　台北にある和風古民家日式木造建築の取材をしているうちに、気づいたことがある。台北には三叉路、もしくはそれ以上に枝分かれし鋭角になった交差点である「Y字路」が多い。どうやら日本統治時代以前→日本統治時代→戦後（中華民国政府時代）と大きく変遷した政府の都市計画と深くかかわっているみたいだ。美術家・横尾忠則氏の故郷、兵庫県西脇市をモデルにした「Y字路シリーズ」といい、Y字路ってやけに人を惹きつける。右奥に、あるいは左奥になにかが潜んでいる。何も考えずに歩いていたら、突然Y字路が顔をヌッとだして迫る。「右にいくのか、左にいくのか。」

　その選択が人生にちいさく、もしくは劇的にもたらすかもしれない変化を想像して少しばかりおびえているわたしを尻目に、Y字路は何食わぬ顔をして、そこにいる。

　このY字路は同安街を淡水河（新店渓）へ向って歩い

將古今地圖重疊後，牯嶺街95
巷與當年流經的河川重合。
古今の地図を重ね合わせてみる
と、牯嶺街95巷と当時の川の
流れが重なりあった。

的表情瞅著我。

當我沿著台北市同安街往新店溪方向走時，這條
Y字路忽然映入眼簾。當我查閱「台北古地圖（1930
年版）」後得知，這條Y字路一帶（也就是現在牯嶺
街95巷與同安街28巷交會處），確實曾有河川流過。
此外，現在的汀州路，於第二次世界大戰前，則是連
結新店與萬華的縱貫鐵路新店支線（俗稱萬新鐵道）。

將今日的地圖與上述古地圖兩相重疊後，發現牯
嶺街95巷與當年流經此地的河川完全重合為一。

這條河川以前稱為「赤川」，水流清澈，夏日時
節，川岸螢火蟲成群；直至今日，近鄰小學仍以「螢
橋」為校名，不難想見當日美景。

「Y字路」正中央、燈火煌煌的日式老房子，現
在是一家名為「野草居食屋」的和風料理店，過去是
台灣大學陳玉麟教授的宅邸。在陳教授以此為家之
前，則是遠自日本來到台北帝國大學任教的石井稔副
教授的住所。石井稔副教授當時將家裡後方的一畝田
地，作為研究農藥的專用地，這片土地如今成為私立
強恕高中的校地，往昔風貌不再。

走入同安街如迷宮般糾結交錯的巷弄，一陣濕潤
的風吹拂過來，有那麼一瞬間，我彷彿聽見潺潺流水
聲與不遠處傳來的氣笛聲。

たところで出現した。

「台北古地圖（1930年／昭和5年版）」で調べてみた。

現在の汀州路には戦前、新店と萬華をむすぶ新店支線（通称：萬新鉄道）が走っている。

古い地図に現在の地図をかぶせると、みごとに牯嶺街95巷と川の流れが重なった（左ページ）

むかしここは赤川とよばれ、沢山の蛍がとぶ澄んだ川だったそうだ。今も付近に「蛍橋」という名前の学校が残っていることから、当時の風景のうつくしさをうかがい知ることが出来る。

Y字路の真ん中で灯りを点している和風古民家は「野草居食屋」という和風料理屋で、昔は陳玉麟という台湾大学の有名な教授の住まいだったらしい。

陳教授の前に住んで居たのは、台北帝国大学の助教授として赴任してきた日本人・石井稔助教授。石井氏が農薬研究のため畑にしていた家の裏は、私立の強恕高校に変わりその面影は今はない。

台北の湿度の高い風に吹かれながら、迷路のように入り組んだ同安街の小路をあてどもなく歩いてみた。

一瞬、川のせせらぎと汽笛が聞こえたような気がした。

台北市同安街 8 巷
×
同安街 8 巷 2 弄

夢之Y字路
夢のY字路

　　有這麼一說，「古亭」的地名是由「鼓亭」轉變而來。清代，這裡是由福建泉州安溪人所開墾的地區，由於害怕被住在新店山區的原住民泰雅族獵頭，而蓋了「望樓」，以監視其動靜。當有狀況時，看守望樓的人會鳴鼓通知，因此，望樓又稱為「鼓亭」。

　　查看 1927 年的地圖，會發現沿著南昌路的水路，在同安街入口處左彎，有如弓箭一般，再度返回南昌路。由於曾經是水路，走在這裡，我感覺自己有如身處陽光無法穿透的海底的深海魚，在迷宮般複雜的同安街上游來游去；突然間，就與這條 Y 字路相遇了，而照片右側的「同安街 8 巷」，也曾經是水路。順道一提，沿著這條水路往前走所碰到的 Y 字路（兒玉町四丁目），曾經是兒玉源太郎的別墅「南

　一説によると「古亭」という地名は「鼓亭」が転化したものらしい。清の時代、福建泉州安渓の人々によって開墾されたこの地域だが、常に新店方面の原住民タイヤル族による首狩り（出草）の不安にさらされたことから「望楼（見張り台）」が作られた。望楼では敵の襲撃を知らせるために太鼓を鳴らした。そんな訳で、その見張り台を称して「鼓亭」と呼ぶようになったという。

　1927 年の地図では、南昌路沿いに走っていた水路が同安街の入り口から左に折れ曲がり弓矢のようにふたたび南昌路に戻る。この水路の存在のおかげで迷路のごとく複雑に入り組んでしまった現在の同安街を徘徊する。光

菜園」。

　而羅斯福路靠近同安街入口處，則有間黑漆漆的大廟，名為「古亭地府陰公廟」。這裡是俗稱的「陰廟」，源自於「孤魂信仰」，相當於日本的「御靈信仰」，也就是藉由祭祀橫死的怨靈，以避免其作祟或者想借助其力量的民間信仰。這間陰廟因主要是祭祀未婚女性，又被稱為「姑娘廟」。此廟建於 1885 年左右，當時據說與一般陰廟一樣，是間小小的祠堂。

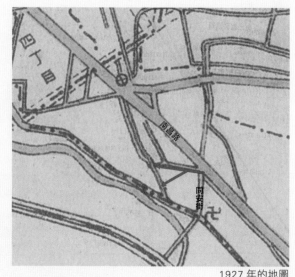

1927 年的地圖
1927 年の地図

　2015 年獲得直木賞的台裔作家東山彰良，即在《流》這部小說中提到主角的祖父，曾經在「中華商場」中建了一座祭祀狐靈的陰廟。與一般的廟不同，有許多人會在陰廟許下一些「負面」的願望，例如在賭博中獲勝、報復，甚至祈求讓某人陷入不幸當中等。如果願望實現，卻不回禮祭拜的話，有可能會遭遇災難。

　回禮祭拜，除了拿香祭祀之外，也包括修築廟宇，主要是依實現願望的大小而定。一百年前

も届かぬ深い海の底をユラユラとおよぐ深海魚の気分である。そうして遊泳しているうちに、Y字路に出あう。夢にいつか出てきたかのような理想のY字路だが、かつての水路が覆われて「同安街8巷（前ページ写真右の道路）」と成ったことで出来らしい。ちなみに、その水路が延びた先のY字路部分（児玉町四丁目）にあったのが、児玉源太郎の別荘「南菜園」である。

　ところで、羅斯福路の同安街入り口あたりに「古亭地府陰公廟」という名の黒っぽく大きな廟がある。俗に「陰廟」と言われ、もとになっているのは「孤魂信仰」で、いわば日本の「御霊信仰」にあたる。つまり非業の死を遂げたり怨みを持って死んだ人の怨霊を崇めることで災いから逃れたりその力を借りたいとする民間信仰なのだが、ここの陰廟のように、未婚の女性を祀った廟を特に「姑娘廟」と呼ぶらしい。建てられたのは清光緒11年（1885年）頃とも言われているが、その頃は一般的な陰廟と同じく小さな「ほこら」だったそうだ。

　2015年に直木賞を受賞した台湾出身の作家・東山彰良の『流』という小説の中にも主人公の祖父が狐の霊を祀った陰廟を建てる話があるが、陰廟の特殊性はギャンブルに勝つ・仕返し・誰かの不幸を望むなど「負」の願いごとが多いところにある。そして願いが叶った暁には必ずや「お礼参り」をしなければ、祟られるとも言われる。

　お礼参りは線香をあげるのから廟の改築まで、成就し

還是一間小小的祠堂，現在變成如此大規模的廟宇，可見參拜者「願望」實現的成果；這麼一想，不禁令人感到有些毛骨悚然。

從這間陰廟所在地的羅斯福路，往緩坡道的同安街下坡走去，越過之前的鐵路（現在的汀洲路），就來到了從前稱為川端町的淡水河新店溪畔。戰前，這裡一到週末，就有許多人來到河邊戲水，十分熱鬧；溪畔有一間「紀州庵」，是紀州（和歌山縣）出身的平松一家於西門所開料亭「平松家」的分店。

戰後，「紀州庵」被中華民國政府接收，成為公務人員、國營事業職員家庭居住的集合宿舍。台灣的知名小說家王文興也曾住過這裡，其代表作《家變》，就是以同安街為舞台所書寫的小說。

「紀州庵」原本分為本館、別館、離屋，但是本館與別館因火災燒毀，僅剩下離屋，經修復後成為以文學為主題的「文學之森～紀州庵」中的主體建築，於 2014 年開幕。

這麼看來，同安街可說是過去與現在交錯的夢幻仙境。

然而，潛藏此處的並非永井荷風的「夢之女」，而是「夢之 Y 字路」。

た願いごとの規模によるようだが、100 年前はささやかだ
ったこの廟が現在までの大きさになったのも、それほど
参拝客の「願い」が成就した結果なのだ、と考えると何
だかゾッとしなくもない。

　この陰廟がある羅斯福路からゆるやかな下り坂になっ
ている同安街を下り、線路があった場所（現在の汀州路）
を越えると、川端町とよばれた淡水河新店渓にたどり着
く。戦前は、週末になればそこで川遊びを楽しむ人でに
ぎわったらしく、渓畔には紀州（和歌山県）出身の平松
一家が西門でひらいていた料亭「平松家」の支店、「紀
州庵」があった。

　戦後は中華民国政府に接収され、公務員や軍人家庭が
暮らす共同宿舎となるが、台湾の著名な小説家・王文興
もその頃ここに育ったひとりで、代表作である「家變」
は同安街を舞台に描かれている。

　本館・別館・離れと 3 棟あったうち本館と別館は火災
で焼失し、残った離れは修復され、文学をテーマとした
公園「文学の森〜紀州庵」として 2014 年にオープンした。
こうして見ていると、同安街は現在と過去の交錯するワ
ンダーランドだ。そしてその中には永井荷風の「夢の女」
ならぬ、「夢の Y 字路」がひそんでいる。

台北市仁愛路一段 ✕ 信義路一段

台灣最有名的丫字路

台湾一有名なＹ字路

　　這條 Y 字路位於通往總統府的馬路上,有著宮殿式的城門,後方則聳立著大樓。

　　在戒嚴時期,連結這條 Y 字路與總統府的道路被稱為「介壽路(祈禱蔣介石長壽之意)」,但在陳水扁擔任總統期間,為了尊重曾在此地居住的原住民,將其改名為「凱達格蘭大道」。此外,順道一提,原本在陳水扁總統時期以保存台灣本土文化(特別是原住民文化)為目的而開始的嘉義故宮博物院南院興建計畫,也因政權交替而迷航,後來雖在 2015 年年底開幕,卻爭議不斷。

　　在我剛結婚來到台灣時,這裡曾經有過抗議陳水扁總統的「紅衫軍」遊行。當時我的公公正好在照片中左側的台大醫院住院,從病房中往窗外眺望,早晚都可見到一大片紅色人潮,令我感到十分驚訝,至今都感覺好像是昨天

中山南路

凱達格蘭大道

信義路一段

仁愛路一段

　宮殿式の門の奥に大きなビルがそびえ立つY字路。総統府に延びる通りである。

　戒厳令時代、このY字路と総統府をつなぐ通りは「介壽路（蒋介石の長寿を祈念するという意味）」と呼ばれたが、陳水扁が総統の時代に、かつてこの付近に住んでいた原住民を尊重する意味で「ケタガラン（凱達格蘭）大道」と改名された。そのほか、陳水扁政権時代に立ち上げられたものに、台湾本土の文化保存（特に原住民文化）を目的とした嘉義・故宮博物院南院構想があるが、政権の交代により計画は迷走、2015年末にようやく開幕したものの、現在も大きな批判にさらされている。

　結婚して来たばかりの頃ここで起こったのが、当時の総統・陳水扁を批判する「赤シャツ隊」のデモだった。ちょうど左側に見える台湾大学病院の病棟に義父が入院していたときで、視界が真っ赤に染まる大騒ぎを病棟から朝な夕なに眺めて驚いたのが昨日のことのように思わ

才發生的事。後來，在這條連結 Y 字路與總統府的凱達格蘭大道上，還發生了許多社會運動。

聳立於 Y 字路與凱達格蘭大道正中央的「東門」，是如此近距離地觀看著台灣社會的脈動。這座城門曾經是台北府城的東側入口，然而 1896 年左右拍攝的城門樣貌，卻與今日完全不同。

1896 年（上）與現在（下）的東門樣貌
1896 年（上）と現在（下）の東門の様子

下面照片中的東門，與至今仍然保留原始樣貌的北門（雖然日治時期也曾經修建過），造型較為接近，但是在戰後的 1966 年經大幅改建，採用宮殿式設計，已完全看不出過去的樣貌。現在的正式名稱是「景福門」。

景福門後方的建築物，在日治時期曾經是日本紅十字會台灣分會的所在，戰後為國民黨接收，成為國民黨中央黨部大樓。2006 年擁有長榮航空的長榮集團買下這棟建築，現在成為「張榮發基金會」下轄的「海事博物館」。

張榮發的長榮集團才不過一代就構築了巨大的事業組織，並且在 2011 年東日本大地震時曾經捐款數億日圓，然而張榮發卻於 2016 年逝世，也讓長榮集團陷入繼承人之爭而動盪不已。

國民黨中央黨部大樓、凱達格蘭大道、張榮發基金會……這裡恐怕是最常在台灣媒體中出現的一條 Y 字路了。

這張照片的東門，樣貌與現在的北門比較接近
この写真の東門の外観は現在の北門に近い

れる。そして、それ以降もたくさんの社会運動が、この Y 字路と総統府をつなぐケタガラン大道で行われてきた。

　そんな社会の脈動を間近で眺めてきたのが、Y 字路の真ん中にそびえる「東門」である。かつての台北城府東側の入り口で、1896 年頃の姿を見ると様子は今とまったく異なる。

　日本時代に改修が加えられ、今も残る「北門」と似た外観となったが、戦後 1966 年には更に大幅に建替えられ、宮殿式のデザインが取り入れられた現在の姿にかつての面影はない。正式名称を「景福門」という。

　景福門の後ろに見える建物は、日本時代には日本赤十字社台湾支部が置かれていたが、戦後に国民党に接収され国民党中央党部ビルとなった。その後、2006 年にエバー航空を有する長榮グループに買い取られ、現在は張榮發基金会による海事博物館となっている。

　一代で巨大な事業を築きあげ、2011 年の日本・東北の震災では何億円という巨額の義捐金を送ってくれた長榮グループの張榮發氏。その張氏が 2016 年に亡くなったため、その事業を引き継ぐ跡目争いで目下揺れに揺れている長榮グループ。

　国民党中央党部ビルに、ケタガラン大道、そして張榮發基金会。

　ここはおそらく、台湾で最もメディア露出の高い Y 字路に違いない。

1928 年台北市職業別明細圖（局部）
1928 年台北市職業別明細図

台北市南昌路
×
羅斯福路

這條 Y 字路的起點，有一棟狹長、高聳的大樓，頂端可以看到「地球儀」紋飾的浮雕，是從事與天文台、天文望遠鏡相關生意的貿易公司老舖「永光儀器」的大樓。這條 Y 字路左側的南昌路沿路，還有不少這類歷史悠久的公司與商店。

這也難怪，南昌路原本就是起始於台北城南門，且具有歷史的街道，戰前是台北市的主要幹道，而 Y 字路右側、連接中山南路的羅斯福路，則於戰後發展成為台北市南邊的主要道路。

現在，這條 Y 字路上約二百公尺的地方有間名為「南昌眼鏡行」的老舖（羅斯福路三段 68 號之 1），雖然位於羅斯福路上，卻冠上「南昌」之名，恐怕也是因為上述的原因吧。

在這條有歷史的道路上，也存在著古老的廟宇、

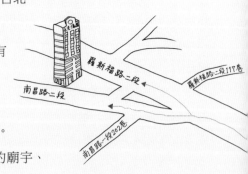

　　Y 字路の中心に細長くそびえるビルの頂きに地球儀模様のレリーフが見える。天文台・天体望遠鏡関係の老舗貿易会社「永光儀器」のビルである。この Y 字路左側をはしる南昌路沿いには、こういった比較的歴史のある会社や商店が多い。

　　それもそのはず、南昌路はもともと台北城の南門から延びる由緒正しき道路である。戦前はこちらがメインストリートだったが、戦後に中山南路・北路とつながる右側の羅斯福路が台北市南側の主要道路として発展する。

　　現にこの Y 字路から 200 メートルほど手前に「南昌眼

佛寺。

　從南昌路轉到同安街處，有間「十普寺」，是奉祀釋迦牟尼的寺院，但它戰前稱為「了覺寺」，是屬於淨土真宗本願寺一派的寺廟。

　「了覺寺」建於日治時期的 1905 年，最初是以居住於古亭一帶的日本人為對象的傳教中心，1914 年繼承京都西本願寺旁「了覺寺」廢寺後的寺號及其傳世寶物（現在，京都的了覺寺遺跡成為淨土真宗本願寺一派之京都教區教務所）。

　台北古亭「了覺寺」的設立，與第五任台灣總督佐久間左馬太有很深的淵源。

　佐久間左馬太是出身於山口縣萩市的長州藩士，作為軍人，他留下不少功績，在他九年的台灣總督任內，也致力於都市街道與鐵路鋪設，以及阿里山林業的開發、原住民政策等各種事業。

　其中，佐久間左馬太以各種方式積極進行所謂「理蕃事業」的原住民政策，除了武力鎮壓之外，1911 年還帶領原住民的頭目到日本觀光，其中即包括賽德克族的頭目莫那魯道，而他也是 2011 年在台灣社會引起轟動、描寫霧社

鏡行」という老舗の眼鏡店がある（羅斯福路三段 68 號之
1）。羅斯福路沿いに立っているにも関わらず「南昌」の
名を冠しているのは、上記のような訳があると思われる。

　歴史ある通りには、古くからの寺社仏閣がある。

　南昌路から同安街を少しはいったところにある「十普
寺」は、釈迦牟尼仏を本尊とする寺院だが、戦前は「了
覺寺」といって浄土真宗本願寺派の寺であった。

　建立されたのは、日本時代の 1905 年。古亭に住む日本
人を対象とする布教所だったが、1914 年に廃寺となった
京都西本願寺そば了覺寺の寺号と伝来の宝物を引き継い
だ（現在、京都の了覺寺跡は浄土真宗本願寺派の京都教
区教務所となっている）。

　この台北・古亭の「了覺寺」建立に際して、縁の深い
日本人がいる。第 5 代台湾総督の佐久間左馬太である。

　佐久間は山口県萩市出身の長州藩士で軍人として大き
な功績を残したほか、9 年間におよぶ台湾総督在任中も、
市街地や鉄道のインフラ・阿里山の林業・原住民政策な
ど多くの事業に尽力した。

　中でも「理蕃事業」と呼ばれた原住民政策では、武力
制圧のほか 1911 年に原住民の頭目達を日本観光に連れて
行くなど、様々な角度から積極的に取り組んだ。このと

事件的電影「賽德克‧巴萊」的主角。

　　佐久間死後的第十三回祭祀時,製作了佐久間
的胸像,並將其與佐久間的遺物,包括軍刀、軍服、
軍帽等,贈與「了覺寺」,從那時到現在已經過了
九十年。

　　戰後,改名為「十普寺」,之後又歷經多次改建,
變成現在大樓的外觀,已經看不見往昔「了覺寺」
的痕跡。

1930 年的地圖與現在地圖重疊對照
1930 年と現在の地図を重ね合わせたもの

き日本観光に行ったひとりが、2011 年の台湾社会に一大
センセーションを巻き起こした映画「セデック・バレ」
の主人公で、霧社事件の中心となったセデック族の頭目
モーナ・ルーダオである。

　佐久間の死後、1927 年の 13 回忌の際には、台北の「了
覺寺」にも佐久間の胸像が記念として作られ、遺族より
遺品の軍刀・軍服・軍帽が贈られたというが、それから
90 年。

　戦後に「十普寺」と名称をあらためて、幾度の改築を
繰りかえした現在、そのマンション型の外観にかつての
「了覺寺」の面影をみることはできない。

台北市延平南路
×
博愛路

　　從台北車站往忠孝西路方向出捷運站後，左側是新光三越，往前走不久就可以看見「北門」，這是清代建設的城廓──台北城的大門，而在北門前方就出現了這條端正的Ｙ字路。

　　回頭一望，可看見有如黏土卡通人物般張開大嘴的「北門」，從這個「嘴巴」開展出來兩條道路，左側是博愛路，右側是延平南路，形成Ｙ字型往遠方延伸。

　　在台北市內，曾經有五座「台北城」的城門（北門、南門、小南門、西門、東門），現在僅有這座「北門」仍然保留清代時的樣貌。038頁照片中北門後方的「北門高架橋」，於 2016 年農曆春節時拆除，引發熱議。在此之後，話題延燒到位於北門旁的三井倉庫的遷移問題，讓歷史建築保

　台北駅から忠孝西路にでて新光三越を左に見ながらし
ばらく歩くと、清代に建設された城郭・台北城の表玄関
「北門」の前に端正な Y 字路があらわれた。

　後ろを振りかえると、粘土アニメのキャラクターがぽ
っかりと口を開けたみたいな「北門」がみえ、その口か
ら左側に博愛路、右側に延平南路が Y 字型にのびていく。

　かつての台北城の門は台北市内で 5 ヶ所（北門・南門

可愛的「北門君」
かわいい「北門ちゃん」

存相關人士，從學者到一般民眾都大為騷動。不過，若以
此為契機，讓建築物的保存問題能夠滲透到一般社會大眾
的層次，那麼環繞著北門的議論過程，便可說是深具意義。

　　我覺得北門十分具有個性，有著非常可愛的樣貌，甚
至可愛到讓我想直接稱它為「北門君」。然而，觀光局卻
完全沒有想到要設計「北門君鑰匙圈」，或者「北門君餅
乾」，這難道不是官方的怠慢嗎？──開個玩笑，別介意。

　　1903 年時，北門前方有水路經過，沿著城牆流動，建
築物也稀稀落落，然而到了 1910 年左右，開闢了現在的延
平南路，Y 字路於是誕生，城市也逐漸發展。原本這裡稱
為「撫臺街」，日治時代命名為「大和町」。現在，由於
這裡販賣各種品牌的相機，又有「攝影街」的別名。

・小南門・西門・東門）にあったが、今はここ北門だけが清代の頃そのままの姿を留めている。ちなみに北門の後ろに見える北門高架橋が 2016 年の旧正月中に取り壊されたことが大きな話題となり、その後、北門の傍に残っている三井倉庫の移転問題まで飛び火して、歴史建築保存に関わる人達は上へ下への大騒ぎとなった。しかし、これをきっかけとして建築物の保存問題が台湾社会にお茶の間レベルで浸透したという意味では、この北門をめぐる議論の過程はとっても意義ぶかいといえるだろう。

1903 年的地圖
1903 年の地図

　ところでこの北門、非常にキャラ立ちしたカワイイ姿をしている。もうそれは「北門ちゃん」と呼んであげていいぐらいの可愛さだと思うのだが、一向に「北門ちゃんキーホルダー」とか「北門ちゃんサブレ」とか出る気配がないのは観光局の怠慢といえるのではないか（冗談です）。

　この北門前、1903 年には城壁に沿って水路が流れており建物もぽつぽつとある程度だったのが、1910 年頃に現在の延平南路が開通し、この Y 字路が誕生すると共に発展していく。元の名を「撫臺街」と言い、日本時代には「大和町」と名がついた。今は、あらゆるメーカーのカメラが取り扱われる「カメラ街（撮影街）」の別名もある。

1910 年的地圖
1910 年の地図

　さて、延平南路を進んで 5 軒目あたりの右側に、木材と台湾産の石材（唭哩岸石）を組み合わせた「騎

　　從延平南路前進到大約第五間房屋的右
側，可見到一棟混用木材與台灣產石材（唭哩
岸石）的洋樓建築，有著優美的「騎樓」（葡
萄牙語的 Veranda）。這棟建築稱為「臺北撫臺
街洋樓」，是台北老街留存下來的民間店舖建
築當中，最古老的建築，建於 1910 年，最初是
土木建設公司「高石組」的事務所。

　　「高石組」是來自福岡縣的高石氏在台灣
創業的公司，承包了許多台灣當時的公共建
設，例如台灣博物館與日月潭水庫等，「1928
年職業別明細圖」上也記載了「高石組」。不
過，到了 1930 年代，這裡成為酒類貿易公司「佐
土原商會」的辦公處，高石組的消息在此後就
斷絕了。

　　戰後，這裡曾作為「人民導報社」的事務
所，經營者宋斐如在二二八事件中喪命，此後
這棟建築就被政府接收，並由軍隊管理。後來
曾經出售給民間，並開設中醫診所，之後又成
為空屋，雜草叢生，化為廢墟。1997 年被指定
為台北市古蹟，現在成為歷史資料館，開放給
民眾參觀。

1914 年與現在的ㄚ字路對照
1914 年と現在のㄚ字路の対比

樓」（ベランダ／ポルトガル語の Veranda）式の優
美な姿をみせる洋館がある。

　「臺北撫臺街洋樓」と呼ばれるこの洋館、台北市
の旧市街にのこる日本時代の民間店舗建築としては
もっとも古く、土木建築会社「高石組」の事務所と
して 1910 年に建てられた。

　高石組は福岡県出身の高石氏が台湾で創業した会
社で、台北の台湾博物館や日月潭ダムなど公共施設
の建設を多く請け負い、「1928 年職業別明細圖」上
でも高石組の表記がある。しかし 1930 年代には酒
類貿易会社「佐土原商会」の社屋へと変わり、高石
組の消息はそこで途絶えているという。

　戦後になってからは、新聞社「人民導報報社」
の事務所として使用されたが、経営者の宋斐如氏が
二二八事件（**註：国民党政権による長期的な民衆弾圧の引き
金となった事件で、1947 年 2 月 28 日に台北市で発生、その後
台湾全土に広がった。**）で命を落として以降は政府に接
収されて軍の管理となった。それからまた民間に払
い下げられ漢方医の診療所が開かれた後に空き家と
なり、雑草のはびこる廃墟と化していたところ 1997
年に台北市の古跡に指定され、現在は歴史資料館と
なっている。

1928 年職業別明細圖（局部）
1928 年職業別地図

台北市汀州路四段
╳
汀州路四段 23 巷

公館街的「牆」
公館街の「壁」

「咦！這裡不是剛剛進來時曾經過的地方嗎？」走在有著台灣大學、科技大學、師範大學等知名大學校舍、街道錯綜複雜的公館小巷中，經常會產生這樣的錯覺。

這條 Y 字路就位在羅斯福路稍微往內、國立台灣師範大學的公館校區前。值得一看的是突破一樓的白鐵皮屋頂、一直長到五層樓高的椰子樹，椰子樹下方設置了與交通號誌燈顏色相同的「停車場」電光招牌，彷彿是想要隱藏椰子樹貫穿屋頂的部分。不太明瞭這個招牌到底是意謂著 Y 字路前端的三角空間是停車場呢？還是一樓部分作為車庫出租？

日治時代以前，這裡稱為「公館街」，是現在「公館」地名的由來；據說，「公館街」是因為從福建安溪來到此地的開拓者，為了抵禦原住民、保護自身安全、建立了「公館」而得名。觀察

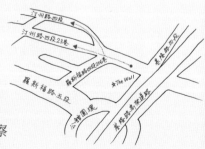

アレ、ここ、さっき入ってきたところじゃなかったか？
　台湾大学に科技大学、師範大学と名立たる大学の校舎
が立ち並ぶ公館エリアの複雑に入り組んだ路地裏を歩い
ていると、よくそんな錯覚に襲われる。ここは羅斯福路
から少し入った国立台湾師範大学公館校の前で見つけた
Y字路。見どころは1階のトタン屋根を突き破り、5階の
高さまで伸びに伸びた椰子の木だろう。そのぶち抜き部
分を隠すように（？）取り付けられた信号色の「停車場」
の電光掲示板。Y字の先端部分に出来た三角スペースが

1895年的地圖，當時，這條Y字路非常接近淡水河新店溪，從此處流出的水路「霧裡薛圳／景美段」，相當於這條Y字路左側的道路。

面向位於此地北方的羅斯福路與基隆路交叉口的圓環，可以看到台灣電力研究所。在1935年的鳥瞰圖中，此地標記為「火力發電所」。日治時期的1911年，台灣遭強烈颱風侵襲，造成整個台北都浸泡在水中，二萬八千棟房屋倒塌，超過五百人喪生；當時因供給台北電力的新店水力發電所受到很大損害，台北被迫停電一週。同一年，颱風再度侵襲，這次甚至被迫停電一個月，總督府因而感受到水力發電的侷限，決定在公館建設台北最早的火力發電廠，1913年動工，1915年竣工。這座「台北預備火力發電所」，在1934年日月潭水力發電所完工為止的約二十年間，負責供給非常時期的台北電力。

位於發電所遺跡的台灣電力研究所對面，有著電影院以及台灣首屈一指、名為「THE WALL」的表演空間。

1895年的地圖與現在地圖的疊合
1895年の地図と現在の地図を重ね合わせたもの

駐車場という意味なのか、それともこの一階部分をガレージとして貸し出しているのかは不明だ。

　日本時代以前の名を「公館街」といい、現在の「公館」の名前の元となった。中国福建省安渓県からの開拓民が、原住民から身を守るための「公館」を設営したことに由来すると言われる。1895 年の地図をみるとこの Y 字路の目と鼻の先まで当時は淡水河新店渓がせまっていたことがわかるが、そこに流れ出ていた水路「霧裡薛圳／景美段」が、この Y 字路左側の道路にあたる。

　この北に位置する羅斯福路と基隆路の交差するロータリーに面して、台湾電力の研究所がある。1935 年の地図で「火力発電所」と記されている場所だ。日本時代、1911 年に襲来した強烈な台風は台北中を水浸しにし、2 万 8 千棟が倒壊、500 人を上回る死傷者を出した。当時の台北に電力を供給していた新店の水力発電所も大きな被害をうけて台北は 1 週間の停電、さらに同じ年、台風の再来で今度は 1 か月の停電を余儀なくされる。水力発電への限界を感じ総督府は、台北で初めての火力発電所をこの公館の地に建設することを決めて 1913 年に着手、1915 年に竣工した。この「台北預備火力發電所」は、1934 年の日月潭水力発電所の完成までの約 20 年間、緊急時に台北の電力を供給した。

　元発電所跡に建った台湾電力の研究所の向い側には、映画館のほか台湾屈指のライブハウスがある。名前を「THE WALL」という。

1935 年的鳥瞰圖
1935 年の鳥瞰図

台北市福州街 10 巷
╳
南昌路二段 1 巷

　　這是位於捷運古亭站與中正紀念堂站之間、市立醫院內側的寧靜 Y 字路。

　　在圍牆內，有間保存狀態良好的和風建築。

　　日治時期，這一帶稱為「兒玉町」，屬於「內地人」（日本本土出身的日本人）的居住地。從南門外兒玉町往新店延伸的街道，稱為「商人街」，當時商店林立，十分繁榮。

　　兒玉町的名稱，是源自於第四任台灣總督兒玉源太郎。兒玉源太郎出身於現在山口縣周南市，是軍人也是政治家。由於統治台灣初期，必須鎮壓台灣本地的反抗勢力，在歷任台灣總督當中，有不少是發動明治維新的核心——長州藩（現在的山口縣）與薩摩藩（現在的鹿兒島縣）出身的軍人。

　　除了兒玉源太郎之外，第一任台灣總督樺山資紀（日本文化人與隨筆作家白洲正子的祖

　MRT の古亭駅と中正記念堂駅の中ほど、市立病院の裏にひっそりとある Y 字路。

　壁の内側には、保存状態のよい和風古民家が建っている。日本時代のこの辺りは、「内地人」（本土出身の日本人）の住む集落で「児玉町」と呼ばれた。南門外の児玉町から新店へとつづく街道沿には沢山の商店が立ち並び「商人街」と呼ばれる程だったと言うから、当時はさぞかし賑やかであったに違いない。

　児玉町という名前の由来は、第 4 代台湾総督を務めた児玉源太郎にある。児玉源太郎は、現在の山口県周南市の出身の軍人で政治家だが、初期の台湾総督には抵抗勢

父），出身自鹿兒島縣鹿兒島市；第二任總督桂太郎，出
身自山口縣萩市；第三任總督乃木希典，出身自山口縣下
關市；第五任總督佐久間左馬太，出身自山口縣萩市。由
此可知，早期的台灣總督當中，有不少出身自薩摩藩與長
州藩；在明治維新促使日本近代化的巨大潮流中，也有台
灣浮沉其中的身影。

　　出身長州、但唯一不是軍人的台灣總督，是擔任第
十一任總督的上山滿之進（山口縣防府市）。晚年，他捐
贈自己的藏書並提供經費，在故鄉防府的圖書館設立「三
哲文庫」（現在的防府市防府圖書館）。

　　上山滿之進於 1926 年就任台灣總督，而在約九十年後
的 2015 年，有件重大的消息在台灣美術界引起震撼，那就
是台灣具代表性的畫家陳澄波的作品，在山口縣防府市圖
書館被發現。原來，當上山總督任期屆滿、欲返回日本之
際，向陳澄波訂製了這件「東台灣臨海道路」畫作以作為
紀念，此作品描繪台灣東海岸達奇里（崇德部落的舊名）
的斷崖絕壁，湛藍的大海，侵入有如巨大動物盤踞般的山
崖絕壁。僅只是看照片，這件油畫作品即令人感受到台灣
東部大自然的宏偉。作品的畫框部分，雕刻著蘭嶼達悟族
的紋飾。雖然上山滿之進總督的任期不到兩年，然而他對
台灣原住民的生活與文化十分感興趣；在發現陳澄波作品
的防府圖書館資料室的上山翁展區中，可見到幾件新聞剪
報，記述上山熱心視察台灣原住民居住的山上部落。

力を鎮圧する必要性からか、明治維新の中心を担った長州藩（現在の山口県）及び薩摩藩（現在の鹿児島県）出身の軍人が多い。

　児玉源太郎のほかにも、それぞれ初代総督の樺山資紀（文化人でエッセイストの白洲正子の祖父にあたる）は鹿児島県鹿児島市、2代・桂太郎は山口県萩市、3代・乃木希典は山口県下関市、5代・佐久間左馬太は山口県萩市と、初期の台湾総統の多くが薩長出身者で占められている。明治維新から始まった日本の近代化の大きな流れのなかを台湾もまた、泳いでいたのだった。

　長州出身でありつつ唯一軍人でなかったのが、11代・上山満之進（山口県防府市出身）だ。晩年、自身の蔵書と多額の建設費を投じて、故郷・防府にある図書館「三哲文庫」（現・防府市立防府図書館）の設立に寄与した上山満之進が台湾総督に就任したのは1926年であるが、それから約90年後の2015年に、大きな知らせが台湾美術界を駆けめぐった。

　行方不明になっていた台湾を代表する洋画家・陳澄波の作品が、山口県防府市の図書館で見つかったというニュースだった。上山が辞任して内地に戻る際に、台湾の記念として陳澄波に依頼されたと言われるこの作品「東台湾臨海道路」は、台湾東海岸のタッキリ（達奇里／崇徳部落の旧名）にある断崖絶壁を描いたものだ。巨大な動物がうずくまるかのような山の絶壁に食い込む紺碧の海。写真を観るだけでも、台湾東部の自然のダイナミズ

　　在意想不到的地方發現的陳澄波作品，有如告訴我們一件事——將建築或者文物留傳給下一代，有時可以讓人們從過去領取貴重的禮物。

　　話題再回到這條 Y 字路吧。

　　戰後，住在市立醫院後方日式住宅中的，是出身自屏東的知名法律學者戴炎輝教授。他在研究清代台灣法制史方面的成就，世界知名。他是第一位被任命為中華民國司法院院長的本省人，其後歷任司法院大法官之職。

　　為巨大樟木樹蔭所遮蔽的黑瓦屋舍中，戴教授的書齋與書架，還保留著往昔面貌。從戴教授花費十數年時間所研究的清代，到此建築物落成的日治時期，再到後來的中華民國時期，串連起悠長歷史記憶的這座古宅，靜靜地佇立在這裡，似乎在等待著將禮物送給未來。

ムが存分に感じ取れる油絵部分を取り囲むのは、蘭嶼タオ族による図案が彫り込まれた額縁である。台湾総督在任期は 2 年にも満たなかったが、その間、原住民族の暮らしや文化にも上山は非常な感心を持っていたらしく、絵の見つかった防府図書館資料室の上山翁コーナーでは、原住民の暮らす山々を熱心に視察して回る上山について書かれた新聞記事を、いくつも見つけることができた。

　モノなり建物なりを次世代に伝えていくことで、わたしたちは時として得難いプレゼントを過去から受け取ることだってあるということを、この、ひょんなところで見つかった陳澄波作品の一件は教えてくれたのだった。

　Y 字路に戻ろう。

　戦後になり、この市立病院裏の日式住宅に暮らしたのが、屏東出身の高名な法律家・戴炎輝教授である。清代台湾の法制を研究して世界的な業績をのこしたことで知られ、本省人として初めて中華民国司法院院長に任命された後、司法院大法官を歴任した。

　大きなクスノキが黒い瓦に陰を落としている下には、戴教授の書斎や本棚が、当時のままの形で残されているという。戴教授が 10 数年をかけて研究した清代から、この家の建てられた日本時代、そして中華民国時代。歴史の連なりを記憶する台北の古民家が、ここにもまたひとつ佇んで、未来に贈りものを届ける日を静かに待っているみたいだ。

台北市連雲街
×
臨沂街 65 巷

民國 64 年的地圖

民国 64 年の地図

以小籠包聞名的鼎泰豐本店的所在地永康街，有許多日本觀光客都曾經造訪過，而這條 Y 字路，就在永康街往北、穿過信義路的巷子不遠處。

這附近一直到林森北路一帶的區域，日治時代以前屬於「三板橋庄」的南端。

「三板橋」的地名，源自於架設三塊木板跨越溪流以作為橋樑，而橋樑的架設地點位於「第二霧裡薛支線」的溝渠（從溫州街分流，經過永康街、臨沂街，往中山區的林森公園北上）、與現在南京東路的交會處。進入日治時期後，地區劃分改變，包含永康街的這一帶，被命名為「東門町」。

在 1930 年的地圖中，可以看到往北流的「第二霧裡薛支線」的溝渠，至於連雲街附近的街道，則是沿著水路沿線而形成的道路。

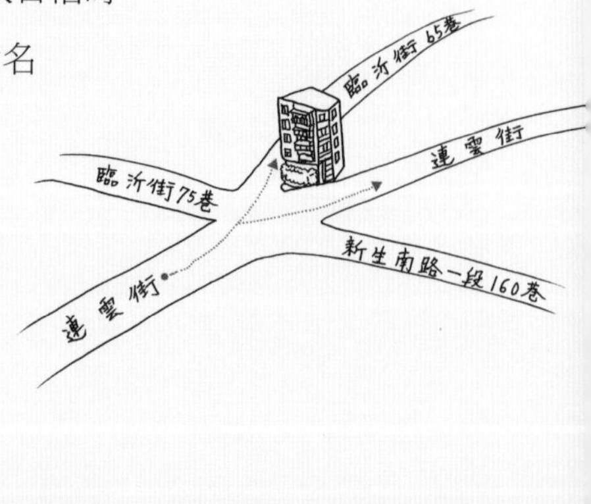

　小籠包で有名な鼎泰豊（ディンタイフォン）本店があることから、日本人観光客の多くが一度は訪れたことのある永康街の、信義路を挟んで向かい側を少し入った場所にあった Y 字路。

　このあたり、日本時代以前は現在の林森北路のほうに広がっていた「三板橋庄」という地域の南端に属していた。「三板橋」の由来は、かつて温州街から枝分かれし永康街・臨沂街を通って中山区の林森公園のほうに北上して流れていた「第二霧裡薛支線」という疎水と、現在の南京東路が交わる部分に三枚の板が通行用にかけられ

　　不過，到了戰後，日治時代的町名全面改變。

　　關於地名的命名方式，基本是將台北劃分為四區，並就各自的位置關係，縮小對應到中國的地名，這是由上海的建築師鄭定邦制定的，據說在上海也使用同樣的方式命名；這是為了讓在台灣出生的孩子，即使到中國，也不會對中國的地理感到陌生。從這一點來看，可以充分感受到當時的中華民國政府，對於「回歸大陸」這件事，有著強烈的執念，令人感到十分有趣。

　　在民國 64 年（1975 年）制定的中華民國地圖中，首都是南京，甚至連蒙古都被劃入疆界之內。與我同世代的台灣人，到高中生為止的階段，都接受了這樣的教育，也就是說，這只不過是二十五年前的事。對於身為日本人的我而言，看到現在台灣社會的自由民主，實在很難想像以往曾經有過這樣的歷史。

　　順道一提，連雲街的地名乃是源自於江蘇省的連雲，臨沂街是源自於山東省的臨沂。

臨沂街 65 巷 ×71 巷 19 弄的 Y 字路
臨沂街 65 巷 ×71 巷 19 弄の Y 字路

民國 64 年的中華民國全圖
民国 64 年の中華民国全図

ていたことから来ている。その後、日本時代に入って区
分けが変わり、永康街も含めた一帯と共に「東門町」と
名付けられた。

　1930年の地図に照らせば、北上していく「第二霧裡薛
支線」疎水をみることができ、連雲街などこのあたりの
道が疎水の流れに沿うように出来た道であることがわか
る。

　戦後になり日本時代の町名は全面的に改定される。

　命名は基本的に、台北を四つのエリアにわけ、それぞ
れに中国大陸の地名を同じ位置関係のまま縮小して当て
はめるという、上海から来た建築士・鄭定邦の編み出し
た方法で上海でも採用されているという。台湾で生まれ
た子供たちが、中国大陸に行っても地理に迷うことがな
いように。当時の中華民国政府の、「いつか帰る」とい
う意思が強く感じられて興味深い。

　民国64年（1975年／昭和50年）作成の中華民国の地
図では、首都は南京でモンゴルまで領土に入っている。
これがほんの25年ぐらい前まで、つまり、1976年生まれ
のわたしと同年齢の台湾人が高校生になるぐらいまでの
普通の教育だったというのだから、日本人のわたしから
すると現在の自由な台湾の姿からはにわかに信じ難いよ
うな話ではある。

　ちなみに、連雲街は江蘇省連雲、臨沂街は山東省臨沂
から来ているそうだ。

1930年的地圖與現在地圖疊合
1930年と今の地図を重ね合わせたもの

台北市齊東街

✕

金山南路一段

從忠孝東路轉向金山南路，稍往南走，馬上就會看到這條 Y 字路。

站在對街看向這條 Y 字路，可見到「齊東老街」的標示，但是左方的高架橋、右側的停車場、後方的旅館，讓人彷彿身處在一片水泥森林中，感受不到一絲情調，不禁納悶：「到底哪裡是老街？」然而，往右側的齊東街稍往裡面走，映入眼簾的是黑瓦木造房屋，頓時讓人領會到老街的風情：「啊！原來如此。」

這裡的「齊東街日式宿舍」，別名為「幸町職務官舍群」，建於日治時期的 1920 年到 1940 年左右，由於靠近總督府，成為提供不同階級公務員專用的官舍。

2006 年由台北市文化局指定為市定古蹟，也被指定為歷史建築。這群和風木造

　忠孝東路から金山南路沿いを、南に歩いてすぐのY字
路。

　正面に「齊東老街」というサインがみえる。何しろ左
は高架橋、右は駐車場、奥はホテルと、コンクリートば
かりで情緒の微塵もなく、「どこが老街？」と首を傾げ
たくなる風景だ。だが右の齊東街を少し入ればすぐ、木
造の家々を覆う瓦が視界を占拠して、「そうか、だから
か」と納得するに違いない。

　ここ「齊東街日式宿舍」は、別名を「幸町職務官舍群」
という。日治時代の1920年から1940年に、総督府が近

建築群當中，最早修復完成的是「台北琴道館」
（2011 年完成）；以接近原本建築形式修復而成
的這棟建築，館內是富含雅趣的書院造，然而仔
細觀察，可以發現有不少西洋風的擺設，因此，
可將其視為台灣所特有的和洋折衷式住宅。如果
運氣好，有可能會遇見有如仙人般蓄著長鬚的撫
琴文人。

　　位於「琴道館」後方的建築，是展示與書法
相關文物的「台北書畫院」，2013 年完成，日治
時期是日本勸業銀行分店長的住宅。

　　查閱 1930 年的地圖，可以知道沿著這條 Y
字路右側的齊東街，有條溝渠。這條溝渠是引水
自新店溪，經過溫州街與連雲街，往林森北路方
向流去的「第二霧裡薜支線」。

　　夾在「琴道館」與道路中間、位於濟南路上
的是「齊東詩舍」，主要展示從清代到現代、在
台灣創作的「詩」，不僅包括中文詩，還包括了
用日語與原住民語言寫成的詩作。

　　戰後，這裡曾經是著名軍人王叔銘將軍的住
家。

　　從 1954 年的地圖中，可以發現 1930 年時尚
為水路的部分，二十四年後被填平成為道路。然
而，這條 Y 字路要等到金山南路開通後才出現。

1930 年的地圖與現在地圖疊合
1930 年と現在の地図を重ね合わせたもの

1954 年的地圖與現在地圖疊合
1954 年と現在の地図を重ね合わせたもの

いことから、異なる階級の公務員が暮らす官舎が建てられた。

2006 年に台北市文化局によって古跡、または歴史建築に指定されたこの和風木造建築群の中で、一番はじめに修復されたのが「台北琴道館」（2011 年完成）である。原型に近い形でよみがえった館内は雅趣に富んだ書院造だが、仔細にみれば洋風のしつらえも取り入れられており、台湾らしい和洋折衷型住居をみることができる。しかも運がよければ、仙人のように長い髯を蓄え古琴をつまびく文人にも、出くわすかもしれない。

琴道館の裏側に位置する建物が、書に関する展示をおこなう「台北書画院」で、2013 年に完成した。日本時代は日本勧業銀行支店長の住居であったようだ。

1930 年の地図で見ると、Y 字路右手の齊東街に沿って疏水があった事がわかる。新店渓から引かれ、温州街や連雲街をとおって林森北路のほうに流れてゆく「第二霧裡薛支線」である。

「琴道館」と道路を挟んで済南路沿いにあるのが「齊東詩舎」。戦後は、高名な軍人である王叔銘将軍の住まいだったが、現在は中国語のみならず日本語や原住民の言葉など、清～現代の台湾で生まれた「詩」の展示が中心の施設となっている。

1954 年の地図を見てみよう。1930 年には水路だった部分は、その後の 24 年の間に埋め立てられて道路になったが、写真の Y 字路が生まれるには、後の金山南路の開通を

　　從這條 Y 字路往北走不久，就抵達華山文創園區「華山 1914」，這是將日治時期 1914 年創建的酒廠遺跡再開發而成的文化園區。

　　2014 年秋天，永瀨正敏在「華山 1914」舉辦攝影展。永瀨曾經參與演出電影「KANO」，這部片描述日治時期首次進入甲子園、並獲得亞軍的「嘉義農林學校」的故事；隨著這部電影的大受歡迎，永瀨也成為台灣最知名的日本演員之一。其實，永瀨與台灣有著更深的因緣，他也曾在楊德昌導演的「牯嶺街少年殺人事件」中演出（不過他演出的片段在正式上映的版本中被剪掉），然而此事卻不太為人所知。這個攝影展也是以電影「KANO」為主題，不過有件令人感到驚奇的巧合，就是作為攝影展會場的酒窖增建年代，與「KANO」隊獲得甲子園亞軍、成就壯舉的年代，同樣都是 1931 年（這完全是偶然），令人不禁深深感受到所謂「緣分」的存在。

　　在展覽會舉行招待酒會的那個夜晚，當我走出會場，發現「華山 1914」古色古香的柱子旁，不一會兒便注滿月光。

　　造酒廠完成於 1914 年；琴道館前的溝渠，在 1931 年曾經緩緩而流；從「幸町」改名為「齊東街」的戰後，然後現在──景色物換星移，然而不變的只有輝月當空。

待たねばならない。

　さて、この Y 字路から北に歩くとすぐに華山文創園区「華山 1914」に着く。日本時代の 1914 年（大正 3 年）に建設された酒造工場の跡地を、再開発した文化公園だ。

　2014 年の秋に、ここで永瀬正敏さんの写真展が開かれた。日本時代の甲子園に初出場・準優勝した嘉義農林學校の物語をえがいた映画「KANO」の大ヒットで、永瀬氏が台湾で最も知られる日本人俳優のひとりとなったのは周知のところだが、実は永瀬氏と台湾の繋がりはふかく、楊德昌監督の映画「牯嶺街（クーリンチェ）少年殺人事件」にも出演していたことは余り知られていない（出演シーンは本編ではカット）。ところで、この写真展も映画「KANO」をテーマにした展覧会だったのだけれど、ちょっと驚くべきことがあった。会場となった酒蔵が増築されたのが 1931 年。奇しくも嘉義農林學校チームが甲子園準優勝という快挙を成し遂げたのと同じ年だという（本当に偶然だったらしい）。縁というものを、しみじみと感じずには居られない。

　展覧会レセプションの晩、会場から出ると華山 1914 の古色を帯びてすがれた柱の脇に、間もなく満ちる月が光っていた。酒造工場が出来た 1914 年。琴道館の前にまだ疎水が流れていた 1931 年。「幸町」から「齊東街」へと名前が変わった戦後、そして現在。

　景色はうつろえども、月だけは変わらずに輝いて空にある。

台北市徐州路 18 巷

×

林森南路 61 巷

高橋才治郎的梵鐘
高橋才治郎の梵鐘

這是在某個下雨天所經過的 Y 字路。

當時，我在捷運善導寺站附近的喜來登大飯店（以前大家都稱為「來來大飯店」）與朋友有約，由於離約定時間還早，於是到附近逛逛，因而發現在飯店後方有條端正的 Y 字路。

查閱地圖，會發現這條 Y 字路左側的徐州路 18 巷，1895 年已經存在，是條有歷史的道路。這條路往東邊延伸，連接到現在的齊東街。由於知道這條 Y 字路的來歷，於是在我的腦海中浮現出這樣的對話：「Y 字路先生，您的銳角令我感到有些親切呢！」突然想到這附近有座日治時期遺留下來的鐘樓，於是我往鐘樓方向走去。

「東和禪寺鐘樓」的正式名稱是「曹洞宗大本山台灣別院鐘樓」，而東和禪寺是日治

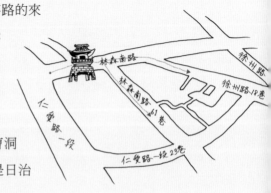

　ある雨の日。

　MRT 善導寺駅近くにあるシェラトンホテル（昔の人は決まって「来来／ライライ」と呼ぶ）で、友人と会う約束をした。待ち合わせまで時間があったので散歩に出たとき、ホテルの裏手に端正な Y 字路を見つけた。

　地図で確認すると、左側の徐州路 18 巷は、1895 年にすでに存在する由緒正しき道路である。東へのびて今の齊東街まで続いていた。まあ、まあ、旧道由来系の Y 字

時期曹洞宗來台傳教的根據地，1910 年由當時負責的
伊藤俊道師監造（鐘樓建於 1930 年）。根據 1921 年出
版的《大日本人物史》記載，伊藤俊道師出身三重縣，
歷任永平寺東京出張所副總監與大本山永平寺顧問，
德高望重，是宗教界奇才，從記載中可以感受到他將
日本曹洞宗傳到台灣的熱忱。

目前管理這個地區的是「台北市青少年育樂中
心」，他們在網頁上寫著：「製造梵鐘時，伊藤師委
託了京都的『大橋才治郎』。」不過，這段記載恐怕
有誤，應該是「高橋才治郎」才對。

高橋才治郎是出生於 1865 年的鑄造師，他在京都
市寺町仏光寺南邊（地址：京都市寺町仏光寺下ル）
開設名為「高橋鐘聲堂」的佛具店，代表作包括京都
八坂神社的青銅狛犬，也製作曹洞宗大本山總持寺（橫
濱）的大梵鐘，不難想像台灣的梵鐘應該也是委託高
橋才治郎製作。

1895 年的地圖與現在地圖疊合
1895 年と現在の地図を重ね合わせたも

如果試著在電腦中檢索「高橋鐘聲堂 梵鐘」的話，
可以發現高橋才治郎製作的鐘——亦即台北梵鐘的兄
弟們——所發出的聲響，已響徹日本全國各地呢！

高橋鐘聲堂的所在地寺町仏光寺一帶，現在林立
著販賣電腦與電子零件的商店，可說是「京都的秋葉
原」；即使如此，也還零星地留有包括製作傳統毛刷

路さんであられましたか、と今度はその鋭角にいくらか
親しみを覚えつつ、思い出した。この近くに日本時代か
ら残る鐘楼があるはず、行ってみよう。

　「東和禪寺鐘樓」、正式名称を「曹洞宗大本山臺灣別
院鐘樓」という。日本時代に台湾にやってきた曹洞宗布
教の中心地であり、1910 年に当時の責任者であった伊藤
俊道師の監督により建立された（鐘樓建立は 1930 年）。
大正 10 年出版の「大日本人物史」によれば、伊藤師は三
重県の出身で、永平寺東京出張所副総監や大本山永平寺
顧問を歴任し、人徳厚く宗教界の偉材であったとの記述
があり、日本曹洞宗の台湾布教への意気込みを感じるこ
とができる。

　梵鐘作成にあたって、伊藤師が制作を依頼したのが京
都の「大橋才治郎」である、と敷地を管理する台北市青
少年育樂センターのウェブサイトには書かれている。し
かしこれは恐らく間違いで、正確には「高橋才治郎」の
手によるものと思われる。

　高橋才治郎は、1865 年（日本では慶応元年）生まれの
鋳物師で、京都市寺町仏光寺下ルに高橋鐘声堂という仏
具店を興した。代表作には八坂神社（京都）の青銅狛犬
のほか、曹洞宗の大本山総持寺（横浜）の大梵鐘も制作
していることから、台湾の梵鐘も高橋才治郎に依頼した
であろうことは想像にかたくない。

　試しに「高橋鐘声堂　梵鐘」とパソコンに入れて検索

的「西村彌兵衛商店」，與明治時代以來的裝裱店等古老店舖。當我一邊思考一邊看著 Google map 時，發現在裝裱店後方有間名為「永養寺」的廟宇。京都的永養寺町，是筆者在京都生活時居住的長屋（**譯註：集合住宅的一種，戶戶相連形成長條狀的建築，多半僅有一層樓**）所在地，不過，永養寺町是位於稍稍越過西邊烏丸通的那一帶（高辻西洞院）。

突然間，我想起在那長屋小巷的入口處，立著一塊石碑，石碑上寫著「道元禪師圓寂之地」；那裡是日本曹洞宗開山祖師道元和尚結束一生的地方。

調查台北曹洞宗鐘樓，卻追尋到以前曾在京都居住過的家門前。Y 字路，果然有時會帶來不可思議的因緣啊！

してみれば、高橋才治郎の作った鐘、つまりこの台北の
梵鐘の兄弟たちが、その音を日本各地で響かせているこ
とが知れる。

　高橋鐘声堂があった寺町仏光寺あたりは、現在はパソ
コンや電子部品のショップが立ち並ぶ「京都の秋葉原」
的なエリアである。それでも、昔ながらの刷毛をつくる
「西村彌兵衛商店」や明治からつづく額装屋さんもぽつ
りぽつりと残っているなあ、と思いながらグーグルマッ
プを眺めていて、額装屋の裏に永養寺というお寺がある
のを発見した。京都の永養寺町といえば、筆者が京都に
暮らした頃に住んだ長屋があった場所だけれど、それは
もっと西の、烏丸通りを越えたあたり（高辻西洞院）で
ある。

　ふと、その長屋の路地の入り口に、とある石碑が立っ
ていたのを思い出した。石碑には「道元禅師示寂の地」
とあった。そこは、日本における曹洞宗の開祖・道元和
尚がその生涯を閉じた場所であった。

　台北の曹洞宗の鐘楼のことを調べているうちに、昔住
んでた京都の家にたどり着くとは。

　やっぱりY字路は、時として不思議な巡り合わせを運
んでくれる。

台北市衡陽路
╳
寶慶路

諷刺漫畫家國島水馬

風刺漫画家・国島水馬

　　這條 Y 字路是屬於城門前的 Y 字路，位於原本台北府城西門往城內延伸之處。沿著照片正中央的中華路，曾經聳立著清代修築的城牆。日治時期，進入城門後，可以看到總督官邸，城外則規劃為日本移民的居住區。

　　以前，西門這一帶曾經是陰森森的荒野，散佈著墓地，本島人（台灣人）因為覺得陰森可怕而不想居住。後來，為了從日本來的大量移民，台灣總督府開發了此地，並建造販賣生活必需品的市場與娛樂設施。

　　如果查閱日本統治之初、1895 年的地圖，西門外為沼地，地圖上看來，那一帶好像開了一個口，什麼都沒有。

　　這條 Y 字路的對面是「西門紅樓」，中間隔著中華路，西門紅樓在日治時期是西門市場，當時又稱為八角堂。在作家片倉佳史的著作

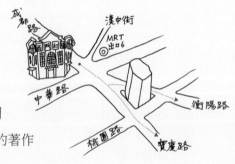

　門の前に Y 字路あり。

　ここもまた然り、台北府城の西門跡地の城内側にのびた Y 字路である。かつては Y 字路手前の幹線・中華路に沿って清代から城壁が築かれており、内側に入ればすぐに総督官邸、外側には日本からの移民が街を作った。そもそも、西門一帯はジメジメとした荒野で墓場が点在し、本島人（台湾人）は住まない気味の悪いエリアだったところ、台湾総督府が日本からの大量移民のために開発し、生活必需品を扱う市場や娯楽施設をつくったという。

　確かに日本統治が始まったばかりの 1895 年の地図をみ

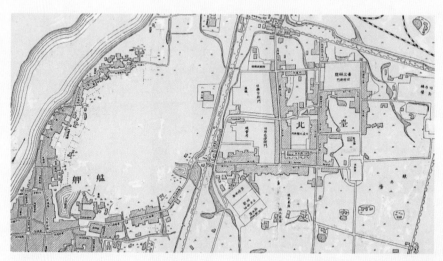

1895 年的地圖
1895 年の地図

中提到，紅樓採取特殊的八角造型，乃是由於這一帶的氣
場原本較為陰森，因此採用代表陰陽的「八卦」造型，以
取得吉兆。

　　現在的西門，有許多商業設施進駐，從「六出」（意
指捷運西門站 6 號出口，此用語似乎是從台灣電影「6 號
出口」而來）等流行語，可見這裡聚集了許多年輕人，十
分熱鬧。不過，另一方面也反映出台灣人不太想在此地購
置住宅的心理，十分有趣。

　　日治時期，由後藤新平創設的《台灣日日新報》的報
社建築，即位於這條 Y 字路左側的衡陽路上；《台灣日日
新報》（1898 年 5 月 1 日創刊）是日治時期發行量最大的
報紙，即從此地發布各種訊息。

れば、この西門を出たあたりは沼地で、そこから向うは
地図が口をぽっかりと開けているように、何も無い。

　このY字路の中華路を挟んで真向かいにある西門紅樓
は日本時代の西門市場で、当時は八角堂と呼ばれたらし
い。特殊な八角形をしているのは、土地本来の性質が陰
気なため、縁起をかついで陰陽の「八卦」の形を採用し
た、と作家・片倉佳史氏は書いている。

　現在の西門は商業施設が集まり、「六出」（MRT 西
門駅6番出口のことで、「六号出口」という台湾映画が
元になっている）などの流行語でもわかる通り若者の多
い繁華街としてにぎわっているが、これもやはり住宅目
的で西門の土地を購入するのは気が進まない台湾人の心
理を如実に物語っているようで興味深い。

　日本時代、このY字路の左・衡陽路側に建っていたの
が、後藤新平の産んだ「臺灣日日新報（1898 年 5 月 1 日
創刊）」のビルで、日本時代に最大の発行部数を誇った
新聞はここから発信された。

　この「日日新報」で活躍した、当時の台湾で唯一とも
いえる日本人風刺漫画家・国島水馬によって描かれた風
刺漫画は、日本が大正デモクラシーから皇民化政策を経
て太平洋戦争へと歩んでいくなかで、そこに生まれた摩
擦や衝突、矛盾を見事にあぶり出し、厳しい検閲をすり

《台灣日日新報》大樓樣貌與原來
的位置
『台湾日日新報』ビルの外観と
元々の場所

當時，台灣唯一的日本人諷刺漫畫家國島水馬，經常
刊登作品於《台灣日日新報》上。他所描繪的諷刺漫畫，
橫跨了日本大正民主時期到太平洋戰爭時期，以及戰時的
皇民化時期。他將各時代中所產生的摩擦與衝突，以漫畫
的形式精彩呈現，並通過嚴厲的審查，成功批判時局，十
分有意思。關於國島水馬，可詳見在日本出版，由坂野德
隆所著的《解讀諷刺漫畫　日本統治下的台灣》（平凡社
新書，2012 年）。國島的漫畫，十分成功地傳達出時代的
氣氛，這是以文字書寫的新聞記事所無法相比的。

1914 年的地圖與現在地圖對照
1914 年と現在の地図の対比

　　台灣日日新報社，距離總督府很近，國島水馬的漫畫
日復一日地刊登於此。他的漫畫，成功地讓人了解漫畫在
社會中所應擔任的角色。

　　此外，坂野德隆所著、關於國島水馬漫畫的著作，目
前尚未在台灣翻譯出版，不過，也可參考收錄國島水馬漫
畫的《漫畫台灣年史》（國島水馬畫、戴寶村解說，前衛出版）
一書。

抜けて批判することに成功している点でとても面白い。
これは、坂野徳隆『風刺漫画で読み解く　日本統治下の
台湾』（平凡社新書、2012 年）に非常に詳しく、当時の空気
感を見事に伝えてくる感じは文字で書かれた新聞記事の
比ではない。

　総督府から目と鼻の先であるここ「日日新報」で日々
生まれていた国島水馬の漫画。それは漫画が社会におい
て本来担っていた役割をまざまざと思い出させてくれる
ものだ。

　現在のところ坂野氏によ
る国島漫画についての著作は
台湾ではまだ翻訳出版されて
いないが、国島水馬の漫画は
『漫畫台灣年史』（國島水馬／
畫，戴寶村／解說、前衛／出版）
でも見ることが出来る。

台北市三元街 172 巷 1 弄

×

寧波西街

「咖啡」桃源
カフェー桃源

我從萬華往城南區（以前台北城的南邊）前進時，在三元街遇到這條 Y 字路；好像是在邀請我進入左側的小巷一般，非常有魅力。

「三元街」除了 Y 字路之外，也有許多可看之處，如坡道等等；這裡原本是從西藏路往三元街方向流動的溪流，最後注入新店溪。

日治時期，以河川為界，北側（和平西路）是「龍口町」，南側是「馬場町」。當時，馬場町大部分是陸軍的練兵場，因為也有訓練騎馬，所以命名為「馬場」。並且，在這個地區還曾經有過陸軍機場，相對於松山機場的位置，而被稱為「台北南機場」；現在，這個名字保留在「南機場夜市」的名稱當中。

這條 Y 字路位於馬場町的角落，往右側道路直走，則會穿越汀州路（這裡曾經有新店線的鐵道經

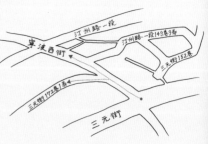

　このY字路とは、萬華からかつての台北城府の南にあ
たる城南地区に向かう途中の、三元街で出会った。誘わ
れるがままに左側の路地に足を踏み入れたくなるような、
魅力的な表情をしている。

　Y字路のほかにも上り坂など見どころの多い三元街は、
元はといえば西藏路から三元街へと向かい、新店渓へと
流れこむ川であった。

　日本時代には川を境に、北側（和平西路側）は龍口町、
南側は馬場町と呼ばれた。当時は馬場町の大部分が陸軍

過），若再往新店溪畔前進，河岸一帶會出現寬廣的公園，現在稱為「馬場町紀念公園」，這裡曾經是白色恐怖時代的刑場，有一千名以上的政治犯，在此地被槍殺；而被處刑者之所以獲罪，主要是被懷疑為中國共產黨的間諜，其中也包括國民黨派任來台擔任台灣省行政長官的陳儀。

中華民國政府，於正式接受日本投降後接收台灣，在1945 年 10 月 25 日的報紙廣告中，曾經出現陳儀，而這個廣告令我難以忘懷。

廣告中寫著「歡迎陳儀長官閣下　美人與佳酒的饗宴　沉醉於清涼的夜晚」，照片拍攝的場所是位於新起町（現在西門町一帶）的「咖啡　桃源」（註：**此篇報導中的咖啡店〔カフェー〕，與現在的咖啡店不同。在日文中的カフェー，雖然最初是仿效巴黎等咖啡館，為藝文人士的交流空間。但是在 1923 年的關東大地震後，發展為有女服務生〔日文：女給〕提供陪侍、並提供酒精類飲料的特種營業場所，類似的場所還有「喫茶店」。這篇報導中的「カフェー桃源」，即是有女服務生陪侍的特種茶室。後來為了區分有「女給」陪侍的「カフェー」或「喫茶店」，僅單純提供茶飲與咖啡的場所稱為「純喫茶」。現在，一般販賣咖啡等飲料的場所，稱為カフェ，與カフェー有所不同）**，廣告中可見到以日語所寫的宣

1945 年寫有歡迎陳儀字句的廣告（秋惠文庫提供）
陳儀を歡迎する言葉の書かれた 1945 年の広告（秋惠文庫提供）

練兵場であり、乗馬の訓練も行われたことから「馬場」
の名が付いたらしい。またこの区域内にあった陸軍飛行
場は松山機場に対して台北南機場と言い、今の南機場夜
市の名称に受け継がれている。

　ところで、このY字路は馬場町の端っこにあたるが、
右側の道路をまっすぐ進んでかつて鉄道（新店線）が走
っていた汀州路を横切り、更に新店渓の川べりまで進む
と、川沿い一帯に広がる公園に出る。現在は「馬場町記
念公園」と呼ばれるここは白色テロ時代の処刑場で、
1000人にのぼる政治犯がここで銃殺されたという。処刑
された人々の罪状は主に中国共産党のスパイ容疑で、そ
の中に国民党の台湾省行政長官として台湾に来た陳儀も
含まれている。

　陳儀と聞いて忘れられないのが、中華民国政府が日本
の投降を正式に受け入れ、台湾を接収した1945年10月
25日の新聞の広告だ（左ページ写真参照）。

　「歓迎　陳儀長官閣下　美人と佳酒の饗宴に　清涼の
夜を酔い給へ」

　新起町（今の西門町あたり）にあった「カフェー桃源」
というカフェの日本語で書かれた宣伝だが、髪を結って
和服を着た女給（今でいうホステス）さん達がずらりと
並ぶ。左端に座っている女性はチャイナドレスを着てい
るように見える。「歓迎　陳儀長官閣下」の一文が誰に
向けて書かれたものだったのか、新しい時代の訪れへの

傳文字，照片中束髮穿著和服的女侍（類似現在的酒吧小姐）並排成一列。左方坐著的女性穿著旗袍。「歡迎陳儀長官閣下」，到底是以誰為主詞所寫下的文字呢？或許是對新時代來臨充滿期待的台灣仕紳吧。然後，在 10 月 25 日的夜晚，到底什麼樣的人來到了「咖啡 桃源」，又談論了什麼話題？我很想看看以「咖啡 桃源」的這一天為舞台所拍攝的電影，應該會很有意思吧，不知讀者以為如何？順道一提，在台灣的日本人，從翌年 2 月起即開始返回日本，陳儀的太太是日本人，不知是否隨著陳儀一起來台？

　　後來因二二八事件被究責的陳儀，在翌年 1948 年，因投共一事敗露，1950 年 6 月 18 日，在馬場町的河畔被槍殺處決。

1927 年的地圖與現在地圖疊合
1927 年と現在の地図を重ね合わせたもの

期待に胸を膨らませた台湾紳士達に向けたものだったろうか。そして 10 月 25 日の夜には、どんな人が「カフェー桃源」を訪れ、どんな話を交わしたろう?「カフェー桃源」を舞台にこの日のことを描いた映画があれば観てみたい。さぞ面白い作品になると思うが、どうだろう。ちなみに、台湾の日本人引き揚げが開始されたのは翌年の 2 月からである。陳儀の奥さんも日本人だったようだが、一緒に台湾に来ていただろうか。

　その後に勃発した二二八事件の責任を取って辞任した陳儀は、翌年の 1948 年に共産党へ寝返ったことが露見し、馬場町の川べりで銃殺刑に処された。1950 年 6 月 18 日のことである。

台北市南昌路二段
╳
和平西路一段

「古亭莊外結茅廬，畢竟情疏景亦疏。雨讀晴畊如野客，三畦蔬菜一床書。」

在這條 Y 字路上，可以看見台灣當紅女星林志玲所居住的超級豪宅大廈。日治時期，這個地區稱為「古亭庄」，地段是「兒玉町四丁目」。大樓前的三角公園名為「南昌公園」。這裡曾經是台灣總督兒玉源太郎的別墅「南菜園」的所在地，兒玉是與後藤新平共同奠定台灣近代化基礎的人物。南菜園中，茅草屋旁種植的是從日本九州運來的藤樹，兒玉本人也自稱「藤園主人」。

南菜園中有木造家屋與池塘，魚和水鳥悠遊池中，也有兒玉夫人精心照料的田地，假日時，兒玉會與夫人一起耕作。從本文開頭的七言絕句中，可以窺見兒玉在忙碌的公職中，於此地度過悠閒時光。觀察兒玉過世後隔年

　「古亭莊外結茅廬，畢竟情疎景亦疎。雨讀晴畊如野客，三畦蔬菜一床書」

　台湾の誇るミューズ、林志玲の自宅があるので有名な超高級タワーマンションの見えるＹ字路。

　日本時代は「古亭庄」と呼ばれた地域で、当時の住所は児玉町四丁目である。マンションの手前に見える三角公園の名は南昌公園。かつて後藤新平と共に台湾近代化の基礎を築いたときの台湾総督・児玉源太郎の別業「南菜園」があった場所で、茅葺きの庵のそばに日本九州から運ばれてきた「藤の木」を植え、児玉は自分を「藤園主人」と称した。冒頭の七言絶句は、児玉が南菜園について詠んだ詩で、漢文『台湾日日新報』に掲載された。

　敷地内には魚や水鳥が泳ぐ池や木造の家屋があり、夫人が丹精した畑では児玉も共に種をまいて休日を過ごしたようで、この七言絶句は、忙しい職務の間にこの地で

1907 年的地圖，這條 Y 字路的左側是水路，可知應該是從此處引水，灌溉蔬菜等作物。當時，兒玉或許一邊看著庭院中奔跑的雞群與盛開的藤花，一邊想著旅順戰役吧（**譯註：在司馬遼太郎的小說中，兒玉曾在 1904-1905 年的日俄戰爭中擔任滿州軍總參謀長，並支援旅順會戰；不過，關於他參與旅順會戰的經過，尚有許多不明之處**）。

戰後，中華民國第六任副總統謝東閔（**譯註：1978-1984 年出任中華民國第六任副總統。副總統卸任後，獲聘為總統府資政**）擔任師範大學校長時，曾與家人居住在南菜園中。根據謝東閔之弟所撰寫的傳記《平凡人生》，從謝東閔一家搬來「南菜園」，到藤木枯掉為止的兩年中，每年的春天，紫色的藤花盛開，十分美麗。據此可知，自從兒玉源太郎去世的 1906 年，一直到謝東閔成為師大校長搬來南菜園的 1948 年為止，將近五十年，每年一到花開季節，藤花都如期綻放。

兒玉源太郎所吟詠絕句中的「雨讀晴耕」，意味著「在充滿自然風光的田園中，晴天到田中耕作，雨日則讀書，過著悠然自適的生活」，但其典故由來並不是太清楚。

這個詞彙的典故，似乎原本出自於《三國志》當中，使用於描述諸葛亮（孔明）在與劉備相遇前，於「鳳翔軒」中

1907 年的台北市區改正全圖
1907 年の改正計画地図

過ごした児玉の、穏やかな時間を感じさせる。児玉が亡くなった翌年、1907 年の地図をみれば Y 字路の左側は水路である。ここから引かれた水で野菜を育て、鶏が走りまわる庭に咲く藤の花を眺めながら、児玉は旅順を思っただろうか。

　（註：児玉源太郎は 1904-05 年の日露戦争中に満州軍総参謀長を務め旅順戦を支援したことが司馬遼太郎の小説などで有名になったが、旅順作戦についてどういった関わり方をしたかについては謎も多い）

　戦後には、中華民国第 6 代副総統を務めた謝東閔が師大の校長職にあった頃に、この南菜園で家族と共に暮らした。謝東閔の弟によって書かれた伝記『平凡人生』によると、南菜園に謝一家が引っ越してから藤の木が枯れるまでの 2 年間、春になると紫の花が非常に美しかった、とある。ということは、児玉源太郎が 1906 年に亡くなったあとも、謝東閔が師範大学の校長となって南菜園に来た 1948 年まで、藤の花は 50 年近くも毎年、季節を違えることなく花を咲かせたことになる。

　ところで、児玉源太郎の詠んだ絶句のなかの雨讀晴耕という言葉、「自然に恵まれた田舎で晴れの日は畑に出て雨の日には本を読む悠々自適の生活」という意味で使われるが、出典はなんだろうか。

　元々は三国志で有名な諸葛亮孔明「鳳翔軒」の中で劉備玄徳と出会う前の孔明の生活を描写した記述「樂躬耕於隴中兮，吾愛吾廬；聊寄傲於琴書兮，以待天時」から

的生活：「樂躬耕於隴中兮，吾愛吾廬；聊寄傲於琴書兮，以待天時。」不過並沒有明確出現「晴耕雨讀」這個成語，有一說認為是日本漢學家在翻譯時用了這樣的詞彙。無論如何，日本人十分喜愛這個成語，特別是經常使用於描述政治家從十分忙碌的政治生涯中引退下來的閒居生活。

雖然如此，也有像蘇軾般，因政途失意等理由而謫居田園的例子，在他所謂「晴耕雨讀」的描述當中，多少可以感受到有點逞強與虛無的心情。不過，從台灣總督到陸軍大將，並且獲得爵位，作為軍人與政治家而受到極高評價的兒玉源太郎，在他的「晴耕雨讀」當中，有著與蘇軾不同的充實感。

「對抗戰爭的唯一手段，是使各自的生活變得更美好，並且執著於此。」

這段由日本文學家、也是吉田茂首相的兒子吉田健一（1912-1977 年）留下的珠璣名言，突然在我腦中湧現。由於與生俱來的才能與時代需求，兒玉源太郎作為軍人，攀登到最高的地位，但是，說不定他其實非常討厭戰爭呢？

由於知曉兒玉源太郎在「南菜園」的生活，不禁令人產生這樣的想法。

現在，「南菜園」的建築物已不存在，成為一座綠蔭濃密的公園，內有廟宇南福宮，變成附近居民的休憩場所。

来ているようだが、ここに「晴耕雨読」という四字熟語
がはっきりと出てくるわけではなく、日本の漢学者が翻
訳したのではとの説もある。何はともあれ、非常に日本
人好みの言葉と言え、特に現職中は多忙を極めた政治家
の引退後の暮らしを表現するのに好んでよく使われる印
象だ。

　とはいえ政治的に失脚した事が理由で田舎暮らしの身
となった蘇軾の例もあり、政治家の晴耕雨読には多少の
強がりやニヒルが感じられなくもないが、台湾総督を経
て陸軍大将まで上り詰め、爵位も得て軍人としてのみな
らず政治家としても高く評価されている児玉源太郎の晴
耕雨読には、ひと味ちがった充実感が感じられる。

　「戦争に反対する唯一の手段は、各自の生活を美しく
して、それに執着することである」

　吉田茂元首相の息子で日本の文学者の吉田健一（1912 -
1977 年）の残した珠玉の名言が、脳裏によみがえった。
持って生まれたその才能と時代の要請により、軍人とし
て最高の地位にまで登りつめた児玉源太郎。でもこの人、
本当をいえば戦争なんて大嫌いだったのではないかしら
ん？

　児玉源太郎の南菜園での生活ぶりを知るにつれ、どう
にもそう思えてならないのだ。

　現在は南菜園の建物はもう残っておらず、かわりに南
福宮という名の廟がある緑濃い公園となり、近所に住む
人々の憩いの場となっている。

台北市萬大路 408 巷
×
萬大路 424 巷

在這條 Y 字路上，可以充分欣賞到違章建築的特色。

照片中這棟建築的五樓部分，即是所謂的「頂樓加蓋」，當我最初聽說可以隨意增建這件事時，感到十分訝異。由於「頂樓加蓋」的房租便宜，許多家不在台北的「外地人」，據說都曾經住過這類違章建築。這類建築夏天炎熱，颱風來襲時鐵皮屋頂會不停地砰砰作響、漏水，冬天的寒風也會從隙縫中鑽進屋裡，著實令人苦惱。此外，進出還必須經過別人家（住在四樓的人）。在我住家的頂樓上層也有「頂樓加蓋」，有從美國、西班牙、韓國等各國前來台灣的大學生居住於此。那麼，這條 Y 字路有著什麼樣的背景呢？查閱 1930 年的地圖，會發現 Y 字路右側的 424 巷，此時已經出現。

再往前回溯到 1898 年的地圖，上述的 424

　無法な増築っぷりが存分に味わえる Y 字路である。

　5 階部分のようなスペースを「頂樓加蓋」といい、勝手に建て増しされたものだと初めて聞いたときは驚いたものだ。頂樓加蓋は家賃が安いので、台北に実家のない、いわゆる「異郷人」だったら一度は住んだことのある場所だという。夏は暑く、台風が来ればトタン屋根がバンバン音を立てて鳴り止まず、浸水し、冬は隙間風に悩まされる。出入りするのに、他人の家（4 階の住人）を通っ

巷則類似現在的萬大路，是這一帶的主要幹道。

　　這一帶以前稱為「加蚋仔」，範圍相當於現在萬華區南邊。北方大約是西藏路、東邊是國興路、南邊與西邊到新店溪為止，在日治中期（1922年）改稱為西園町與東園町，戰後兩町合併為「雙園區」，後再被併入萬華區。順便一提，前頁照片中Y字路的對面是「雙園長老教會」。

　　「加蚋仔」之名，來自於曾經居住在此地的平埔族凱達格蘭族語中的「Tagal」，意味著「沼地」，轉音為「大加蚋」，其中一部分地區被稱為「加蚋仔」。

　　看著這個地名，想像著河邊附近是否曾經有一大群「蚋（黑蠅）」到處飛舞的草地呢？一邊散步，一邊從地名激發想像，這也可說是探索Y字路時的樂趣吧。

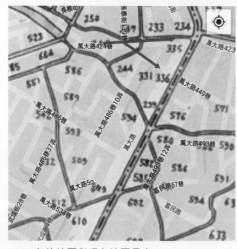

1930年的地圖與現在地圖疊合
1930年と現在の地図を重ね合わせたもの

1898年的地圖與現在地圖疊合
1898年と現在の地図を重ね合わせたもの

て上がらねばならない。わが家のアパートの最上階も頂
樓加蓋だが、アメリカ人やスペイン人、韓国人など様々
な国から来た大学生たちが暮らしている。

　それではここはどんな背景をもつ Y 字路なのだろう。
1930 年の地図を見ると、Y 字路左側の 408 巷がこの頃に
はもう出来ていたのがわかる。

　さらに遡って、1898 年の地図を見る。

　すると前述の 408 巷が、現在の萬大路とならんで、こ
のあたりのメインストリートだったことを発見した。

　このあたりを古く「加蚋仔」と言い、範囲は今の萬華
区の南半分にあたる。北はおよそ西藏路、東は国興路、
南および西は新店渓までを指し、日本時代中期（1922 年）
には西園町と東園町という名称に変わり、戦後は両町が
合併して「雙園區」となった後、萬華区に編入された。
ちなみに写真（p.087 参照）の Y 字路の向いには「雙園長
老教会」がある。

　加蚋仔の名の由来は、この地に暮らしていた平埔族群
ケタガラン族の沼地を意味する「Tagal」が「大加蚋」に
転じ、その一部を指して加蚋仔と呼ぶようになったこと
から来ている。

　川の近くだけに、蚋（ブヨ）のたくさん飛ぶ草地が広
がっていたのだろうか。かつての名前から掻き立てられ
る想像を膨らませながら歩く、これもまた Y 字路探索の
面白さといえるだろう。

台北市萬大路

×

萬大路 470 巷

這條 Y 字路位於萬華區南側、跨越新店溪的華中橋前，與台北市第一漁貨果菜批發市場隔著一條萬大路。

照片正中央的廣告「林合發」，是販賣油飯的老舖，本店在靠近迪化街的永樂市場裡。在台灣，油飯是相當受歡迎的男孩滿月贈禮，鴻海集團董事長郭台銘也選擇「林合發」的油飯作為滿月禮。

在這周邊也有賣饅頭的店，以及製作旗袍的商店。雖然此處位於距離迪化街稍遠的河岸邊，但依然能讓人感受到艋舺曾經有過的繁榮時期。

穿過氣氛較佳的左邊小巷，走到與萬大路平行的道路（萬大路 486 巷 10 弄）後，熱鬧的音樂從左邊傳來，吸引我往音樂的方向前進。

然後，遇到街角有間寺廟的另一條 Y 字路（萬大路 486 巷 10 弄 × 萬大路 506 巷），剛好有樂團

　萬華区の南側、新店渓にかかる華中橋の手前にある台
北市食品総合卸市場の、萬大路を挟んで向かい側にある
Y字路。

　写真中央の広告「林合發」は、油飯（台湾おこわ）の
老舗で、本店は迪化街の永楽市場の近くにある。満一ヶ
月をむかえた男子の内祝として絶大な人気があり、あの
鴻海グループの創業者、郭台銘にも選ばれたほどだ。

　周囲には饅頭（マントウ）屋の老舗やチャイナドレス
を作る店もあり、かつての艋舺の賑わいが、迪化街より
離れた川沿いのこの辺りまで、行き届いていたのが伺わ
れる。

演奏，正值祭典高潮，電子佈告欄上的跑馬燈跑著「艋舺」、「萬壽」、「北極」幾個字。這是祭祀道教「玄武大帝」的寺廟，玄武大帝是北斗七星神格化的神明，具有鎮邦護國、消災解厄與招福延壽的神力。

根據民間傳說，玄武大帝原本從事屠宰業，因此也成為屠宰業者的守護神。這樣，不知這間廟宇和附近的肉品批發市場是否有什麼關聯？

位於萬大路的第一果菜批發市場，始於 1974 年，原本位於萬華北側的西寧南路（現在的西寧市場，始自日治時期的中央市場），後由於建築物老舊不堪，不得不遷移到現在的地點。而在西寧南路更北側、集中在鄭州路一帶的第三區肉品批發市場，因環境衛生關係，曾經暫時遷移到松山區的基隆河六號水門一帶，後因廢棄物污染基隆河的

　雰囲気のよい左側の路地を抜けて萬大路と平行する道
路（萬大路 486 巷 10 弄）に出ると、左のほうから賑やか
な音楽が聞こえてきて、引き寄せられるように歩いた。

　角が廟になっている Y 字路で、ちょうど楽団が来てお
祭りの最中だ（萬大路 486 巷 10 弄×萬大路 506 巷）。電
光掲示板に「艋舺」「萬壽」「北極」の文字が走るここは、
道教の玄武大帝を祀る廟である。玄武大帝は星座・北斗
七星の神格化で、土地を守り禍を退けて福寿をもたらす
と言われている。

　しかし民間信仰によると、玄武大帝はその昔に屠殺業
に従事しており、そのため屠殺業者の守り神的な役割を

問題日益嚴重，又遷到萬大路一帶。

　　半夜一、二點，載著剛從漁船卸下的漁獲，以及從中南部來的肉品、蔬菜、水果等的送貨卡車，競相往來，以滿足台北市民的口腹。批發市場從三、四點開始「競標」，六點左右結束。

　　日治時期這裡稱為「西園町」，也是現今西園路名稱的由來。1920 年以前，這一帶盛行種植茉莉花，以製作花茶。然而，諷刺的是，現在卻經常從市場裡飄散出魚肉的惡臭，令居民不勝苦惱。

担っているという説もある。ということは、この廟は近くの食肉卸市場となにか関連があるのだろうか？

　萬大路沿いの卸市場がこの場所に出来たのは、1974 年のこと。元々は萬華の北側・西寧南路（現在の西寧市場）に日本時代からあった中央市場の建物が老朽化し、移転を余儀なくされた。また西寧南路の更に北側・鄭州路に集中していた食肉市場も、環境衛生の観点より一時松山区の基隆川沿い六号水門あたりに移されたが、発生する廃棄物による基隆川水流への汚染問題が深刻化し、これもまた萬大路に移転してくることとなった。

　夜中の 1 〜 2 時には漁船から卸されたばかりの魚やエビをはじめ、中南部より運ばれてきた家禽などの肉類・野菜・果物を載せたトラックが、台北市民の胃袋を満たすため先を争って行き来する。卸市場のなかでは 3 〜 4 時より競りが始まり 6 時頃には終了するという。

　日本時代には西園町という名がついて、それが今の西園路の名称の元にもなっている。1920 年以前、お茶の香り付けに使用するジャスミンの栽培がこのあたりで盛んだったことに由来するが、現在は肉や魚の市場から発生する悪臭が常に付近にただよっており、住民を悩ませているのは皮肉な話だ。

台北市昆明街

×

南寧路

　　這條 Y 字路位於台北的「下町」──萬華區（艋舺）。自從 1709 年、陳賴章率領福建民眾開墾以來，此地大為發展，甚至被稱為「一府二鹿三艋舺」。

　　位於角落的這棟住商混合大樓，有如吉卜力的「霍爾的移動城堡」般，好像隨時都會搖搖晃晃地移動起來。

　　「萬華」的地名，源自於平埔族原住民凱達格蘭族語言中的「Mankah」，意指「獨木舟」，與台語發音相近的對應文字為「艋舺」，日治時期改為萬華，意味著「萬年榮華」，並使用至今。

　　這裡距離老街「剝皮寮歷史街區」不遠，後者因電影「艋舺」的賣座而一躍成為觀光勝地。剝皮寮目前僅剩下廣州街的部分地區，從 1895 年的地圖中，可知當時此地稱為「北皮寮」，始於現在的南寧路 48 巷一帶，有「北皮寮一丁目、

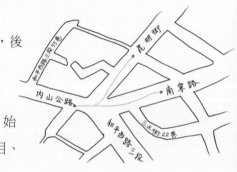

　　1709 年に中国福建の民を率いてやってきた陳頼章によって開墾が始まり、古くから栄えた台湾の三大港町として、台南安平、彰化鹿港と共に「一府二鹿三艋舺」とも讃えられた台北の下町、萬華区（艋舺）にある大きな Y 字路。

　　スタジオジブリの映画「ハウルの動く城」のごとく、今にもガタガタと動き出しそうだ。

二丁目、三丁目」相連，是比現在更長的街區（現在僅三丁目一帶留存下來）。

並且，台北最知名的古剎龍山寺前方（現在捷運龍山寺站的出口附近），與剝皮寮後方的老松國小附近，曾經有座池塘。

1903 年，從龍山寺前的池塘引水、與現在三水街平行的水路，剛好擦過 Y 字路的尖端。右側梯形的用地，在當時是訓練警察與監獄官的設施。

到了 1914 年左右，大致形成現今 Y 字路的原型，包圍右側「警官練習所」用地的道路，成為現在南寧路的一部分，而截斷北皮寮的道路（後來的昆明街），在這個時代也已開闢完成。

這個地區現在有著填飽萬華居民的「東三水街市場（新富市場）」，以及知名鹹粥店等美味小吃店林立。

1895 年的地圖與現在地圖疊合
1895 年と現在の地図を重ね合わせたもの

1903 年的地圖與現在地圖疊合
1903 年と現在の地図を重ね合わせたもの

　萬華という名の由来は、原住民の平埔族ケタガラン族の使っていた丸木舟を意味する「Mankah」からきている。これに台湾語音をあてたのが艋舺だが、日本時代に「万年続く栄華」という意味の「萬華」と字が当てられて、今にいたる。

　台湾映画「艋舺」の大ヒットで一躍観光名所となった、古い街並み剥皮寮歴史街区に近いが、今は廣州街の一部にのこるこの剥皮寮が、1895年の地図当時（左ページ地図参照）は北皮寮と呼ばれ、現在の南寧路48巷のあたりから北皮寮一丁目・二丁目・三丁目とつづく今より長い街並みであったことがわかる（現在残っているのは三丁目あたりのみ）。

　また、台北でもっとも有名な古刹・龍山寺の前（現在のMRT龍山寺駅出口付近）や剥皮寮後ろ側の小学校（老松国小）あたりにも、池があったようだ。

　1903年（左ページ地図参照）になると、龍山寺前の池から今の三水街と平行に水路が引かれており、ちょうどY字路の鼻先をかすめる形になっている。右側の台形の敷地は当時、警官や刑務官を訓練する施設だった。

　1914年（次ページ地図参照）になると、現在のY字路の原型がほぼ出来上がっている。つまり、右側の警官練習所の敷地をぐるりと取り囲む道がそのまま現在の南寧

右側的「總督府警察官及司獄官甲練習所」，後來成為中學校地（龍山國中）。

　　在日治時期，這條Y字路附近到底有什麼樣的店面呢？

　　根據1928年的職業別地圖，Y字路右側一帶有鞋店、當舖、豆腐店；上方有名為「梅之湯」的澡堂、神岡醫院與藥店。「老松俱樂部」是怎樣的俱樂部？或許是這個地區（老松町）住民的聚會場所吧。

　　這不過是七十年前此地所見到的風景，真是令人感到不可思議啊！

1914 年的地圖與現在地圖疊合
1914 年と現在の地図を重ね合わせたもの

1928 年職業別地圖
1928 年職業別地図

路の一部となっており、北皮寮をさえぎる道路（のちの
昆明街）も、この時代すでに出来ている。

　現在は、萬華の台所「東三水街市場」（新富市場）が
続いていて、有名な肉粥屋など美味しい小吃店が沢山あ
るこのエリア。右側の「総督府警察官及司獄官甲練習所」
は、そのまま中学校（龍山国中）になった。

　では、日本統治時代のこのＹ字路あたりに何があった
んだろうか。

　1928年の職業別地図（左ページ参照）を見てみると、
Ｙ字路右側あたりには、はきもの屋・質屋・豆腐店とい
う文字が見える。そして上側に梅の湯という銭湯、神岡
医院に薬屋。「老松クラブ」というのは何のクラブだっ
たのだろう。この地区・老松町の寄り合い所みたいなも
のだろうか。

　たった70年前に、ここに広がっていた風景。

　ただただ、不思議な感じがする。

台北市西園路一段 × 西園路一段 306 巷

當星巴克換上旗袍
スタバがチャイナドレスに着替えたら。

　　這裡是洋樓「萬華林宅」所在地的 Y 字路。

　　萬華林宅位於當地資產家林細保所購買的土地上，並由其子林紅麻設計施工，於 1932 年完工；1998 年被指定為台北市市定古蹟。建築物菱形的外觀，猶如女兒節的菱餅一般（**譯註：日本的女兒節——雛祭り，每年 3 月 3 日舉行，乃是為了祈福女孩順利成長的節日，會在階梯狀的陳列台上擺放和服娃娃，以及供奉菱餅**），乍看之下給人奇妙的感覺。不過，現在對於這棟建築造型的評價很高，展現出林紅麻的卓越見識，因為他預見了未來的都市計畫，而特意採取這樣的造型，使得這棟建築免於因新道路的開通而遭拆除，得以保存下來。

　　這一點可以在與這棟建築竣工同年制定的 1932 年台灣總督府都市計畫圖中理解到。鐵道路線經過現在的艋舺大道，以紅色標示的

　洋館「萬華林宅」のある Y 字路。

　萬華林宅は、地元の資産家・林細保が買い上げた土地
にその息子・林紅麻が設計施工し、1932 年（昭和 7 年）
に竣工した邸宅で、1998 年に台北市の文化財（古蹟）に
指定された。ひなまつりのおもちのような菱型の外観は
一見奇妙だが、今では設計した林紅麻の卓見をしめす形
状と評価が高い。なぜなら以降の都市計画を見越してわ
ざとこの形にしたことで、新規道路開通にともなう取り
壊しを免れ、その姿を保つことが出来たからだ。

是預定道路，也就是後來的西園路，林
宅蓋在當時的綠町二丁目正中央位置。
因此，設計者林紅麻在設計此建築時，
應該是已經預先知道了這一份都市計畫
圖，進而採取了此種設計。

　　然而，這棟建築物要如何使用，也
引起注目，2016 年 1 月，決定由大型連
鎖咖啡店「星巴克」經營。順便一提，
位於大稻埕保安街的巴洛克建築，也由
星巴克進駐經營（台北市保安街 11 號）。

　　當然，珍貴的建築遺產如果任其棄
置成為空屋，是非常可惜的，不過，如
果要開咖啡店，台灣本地應該也有許多
努力的經營者。或許大品牌能帶來信任
感，但是全世界到處都有星巴克，無論
如何包裝，即使將西裝換成「旗袍」，
星巴克就是星巴克。如果好的地點都變
成星巴克的話，也未免太令人感傷，這
應該不是只有我一個人這麼想吧？

1932 年台北市區計畫街道與公園圖
1932 年台北市計画街道と公園図

　その証拠は、竣工と同じ 1932 年の台湾総督府による都市計画地図に見つけることが出来た。鉄道の線路が現在の艋舺大道で、赤く塗られているのがその後に西園路となる新設予定道路、林邸が建つのはこの緑町二丁目の真ん中あたりと思われる。という訳で、設計者の林紅麻は設計時すでにこの都市計画地図を知っていたということになる。

　ところでこの建物、どういう風に活用されるか一部で注目が集まっていた物件だが、2016 年の 1 月に大手コーヒーチェーン「スターバックス」が経営にあたることが決まった。そういえば、大稲埕エリアにある保安街のバロック建築にもスタバが入って居る（台北市保安街 11 号）。

　貴重な建築物がそのまま空き家で置かれておくのが勿体ないのは言うまでもないが、カフェにするならば台湾ローカルにも頑張っている経営者はたくさんいるだろう。メジャーなブランドという信頼感のなせるワザなのかどうか知らないが、スタバなんて世界中どこにでもある。いくら眼鏡をかけ替えても背広を「旗袍」（チャイナドレス）に着替えても、スタバはスタバである。猫も杓子もスタバ、いい立地が皆スタバになるのであれば、あまりにも寂しい気がするのはわたしだけかしらん。

台北市康定路 173 巷
✕
廣州街

　　這是位在保存的歷史街道「艋舺剝皮寮」的 Ｙ 字路。

　　初次造訪此地，是為了撰寫在台灣發行的日語情報雜誌《な～るほど・ザ・台湾（*Naruhodo The Taiwan*）》的特輯——「脫胎換骨的日式老房子」，因而採訪位於剝皮寮二樓的台北市政府文化局事務所負責人。直到現在我都還清楚記得從二樓眺望剝皮寮斑駁的紅色屋瓦，十分美麗。

　　採訪內容是關於由台北市政府主導的「老房子文化運動」（對於因閒置而難以維護的台北市歷史建築，採用公開招募經營者的方式，嘗試加以活用）的現況。這個特輯的採訪對象主要是成為新餐廳或者文化活動據點而重生的日式老房子，從「青田七六」開始，到「樂埔町」與「齊東街」，在造訪這群老房子時，讓我與 Ｙ 字路相遇，並且發現，這些建築的出現與台北市都市計畫

　歴史的な街並みの残る、艋舺「剝皮寮」のY字路。

　初めてここを訪れたのは、台湾で発行され35年もの歴史のある日本語情報雑誌『な～るほど・ザ・台湾』で企画した「生まれ変わる和風木造建築（日式老房子）」特集で、剝皮寮2階にある台北市政府文化局事務所にて担当者にインタビューをするためだった。2階から見る剝皮寮の、ふるびた赤い屋根瓦をとっても美しいと思ったのを覚えている。

　インタビュー内容は、台北市政府が主導している「老房子文化運動」（放置されて維持に困っている台北市内の古い建築について、経営者を公募方式で募集して活用する試み）の現状について。

　この特集では、新しくレストランや文化スポットとし

1907 年台北市改正全圖（局部）
1907 年台北市改正全図

1911 年最新台北市街鳥瞰全圖
1911 年最新台北市街鳥目俯瞰全図

的歷史似乎有著深刻關聯。如果說現在讀者所閱讀的這本書是因《な〜るほど・ザ・台湾（*Naruhodo The Taiwan*）》的雜誌特輯而誕生，也不為過。對於總是尊重我的想法，並且讓我自由發揮的總編輯二瓶女士，實在不勝感激。

關於剝皮寮名稱的由來，有兩種說法。一是這裡曾經是剝製動物皮以製造皮革製品的場所，另一是將山中採伐的杉木皮剝下的場所。不過，查看 1907 年的地圖，這裡以前被稱為「北皮寮街」，而非「剝皮寮」。原本在凱達格蘭族的語言中意味著「獨木舟」的「艋舺（Manga）」，乃是因船隻貿易而發展起來，從這樣的歷史來看，將自三峽等山中運來的樹木的皮剝下以輸出的說法，似乎較為可信。

1907 年以前，當時的台灣總督府實施新的都市計畫，沿著現在龍山寺附近的池塘北側開拓新道路（現在廣州街的一部分），而這條 Y 字路，便是由「北皮寮街」的舊道，與沿著龍山寺池塘興建的幹道所形成的。

て生まれ変わった日式老房子について取材したのだが、青田七六を始め樂埔町や齊東街の老房子群を訪ねて歩くうち Y 字路に出会い、その成り立ちがどうやら台北の都市計画の歴史と深く関わるらしいと気づいた。だから、今読んで頂いてるこの本は、云わば『な〜るほど・ザ・台湾』誌の特集のおかげで生まれたと言っても過言では無く、わたしの「やりたい！」をいつも尊重して好きにやらせてくださる編集長の二瓶里美さんへは感謝にたえない。

　剝皮寮の名前の由来にはふたつの説がある。ひとつはかつて動物の皮を剥いで皮革製品をつくるところだったという説、もうひとつは、山から運ばれてきた杉の木の皮を剥ぐ場所だったという説。が、1907 年の地図を見ると、剝皮寮ではなく「北皮寮街」と書かれている。そもそも、ケタガラン族の言葉で丸太船を意味する「艋舺（バンカ）」が、船を介する交易の場として発展してきた歴史を考えても、三峽などの山中より運びだされた樹の皮を剥いで輸出したという説のほうがしっくりくる気はする。

　1907 年以前に当時の台湾総督府により新しい都市計画が実施され、今の龍山寺あたりにあった池の北側に沿って延びる新たな幹線（現在の廣州街の一部）が出来る。これはそんな、北皮寮街の旧道と、龍山寺池沿いの幹線の出現によって出来た Y 字路である。

台北市漢中街

✕

峨眉街

看著這條人來人往、人們各自擁有不同目標的熱鬧 Y
字路，應該很難想像這一帶以前曾經是遍佈墳墓的荒野
吧！

日治時期，有不少日本人從「內地（日本本土）」移
居台灣，由於這裡與位於台北城內的總督府很近，於是西
門附近開始有許多內地人居住，形成「日本人街」，並發
展成類似以前的東京淺草般，扮演著提供假日休閒
娛樂的角色。

台北最早的劇場，是 1897 年於台北城內開
幕的「浪花座」，隔年「淡水館」、1900 年
「台北座」、「十字座」陸續在城內開幕。
1902 年，西門町的「榮座」也在這條 Y
字路的附近誕生。

「榮座」可容納一千五百人，曾經是當時最大的

　思い思いの目的をもって人々が行き交うこの賑やかな
Y字路を見て、その昔、この一帯がお墓のぽつぽつと点在
する荒野であったことを想像できる人は少ないだろう。

　日本時代に日本の内地から日本人が流入してきて以
降、台北城府にある総督府に近い西門門前は内地人が多
く住む日本人街として発展し、かつての東京・浅草のよ
うな休日の娯楽場としての役割を担った。

　台北で一番はじめに出来た劇場は、台北城内で1897年
に開幕した浪花座だが、その翌年の淡水館、1900年にや
はり城内に開幕した台北座、十字座につづき、ここ西門
町にも1902年、このY字路の眼と鼻の先に「榮座」が誕
生した。

劇場。在這之後，由於劇場與電影院陸續開幕，西門町在戰後因此獲得「電影街」的別名。而且，除了電影院文化之外，位於西門市場（西門紅樓）前的稻荷神社前方的「門前市」，曾經聚集許多攤販，形成「攤販文化」；現在的西門町也繼承了這個文化，或許可說是日治時期所留下來的遺產吧！

西門町最早的劇院「榮座」，戰後成為「萬國戲院」，現在稱為「絕色影城」。不過，「絕色影城」所在的大樓，目前大部分是日本「UNIQLO（優衣庫）」的店面。由日本人開始的攤販文化，戰後聯繫至「中華商場」，西門町附近也有許多標榜個人特色的商店互相競爭，發展出具有個性的街道；然而，現在返回此地的卻是於世界各地都擺放著相同商品的全球連鎖日本品牌店，實在令人感到有點諷刺。

其他日治時期的劇場「今昔」變化如下：

「第二世界館」（後來昆明街的太平洋飯店）

「新世界館」（後來的新世界戲院→誠品書店→現在是服飾店 H&M）

「芳乃館」（後來的國賓戲院）

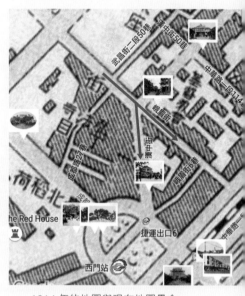

1914 年的地圖與現在地圖疊合
1914 年と現在の地図を重ね合わせたもの

　榮座は 1500 人を収容することができる当時一番大き
な劇場だった。それ以降、劇場や映画館が次々にオープ
ンした西門町は、戦後には「電影街」の異名をとるよう
になる。また映画文化以外では、かつて西門市場（西門
紅楼）の前にあった稲荷神社の前に門前市よろしく多く
の露店が立ったことから発達した露店文化も、現在の西
門町に引き継がれる日本時代の遺産といえるかも知れな
い。

　ところで西門町に最初に出来た劇場、榮座は戦後に萬
國戲院という映画館に変わり、現在は絕色影城という。
そして、絕色影城が入っているビルの大部分を占めてい
るのは日本のユニクロである。日本人によって生まれた
露店文化が戦後の中華商場（**註：1961-1992 年に西門にあっ
た大型商業ビル。各種多様なテナントが入っていたことで、今では伝
説的な存在となっている**）へと連なり、個人商店が特色を競
い合うことで個性的な街として歩んできた西門町に、今
度は世界中どこにでもあり同じ商品が置いてある日本発
のグローバルチェーンが戻ってきたというのは、なんと
も皮肉な話ではないだろうか。

　そのほか、日本時代に出来た劇場の「いまむかし」は
以下のとおり。

　第二世界館（後に昆明街の太平洋飯店）

　新世界館（後の新世界戲院→誠品書店→現在は服飾シ
ョップの H&M）

　芳乃館（後の國賓戲院）

1950-1959 年間的 Y 字
路風景與現在對照
1950-1959 年 の Y 字路
風景と現在との対比

「國際館」（後來的國際戲院→萬年商業大樓）

「大世界館」（後來的大世界戲院→ KTV 連鎖店
「星聚點」）

「臺灣劇場」（後來的中國戲院→複合商業大樓
「阿曼 TiT」）

1955 年落成的新生戲院，在 1966 年經歷戰後最
大的火災，造成二十九人死亡、二十五人輕重傷的悲
劇。據說起火的原因是電線走火，現在變成 KTV 連
鎖店「錢櫃」。

「榮座」的樣貌與原址現況
「榮座」の外観と現在の様子

　　国際館（後の國際戲院→萬年商業大楼）
　　大世界館（後の大世界戲院→カラオケチェーン星聚點）
　　臺灣劇場（後の中國戲院→複合商業ビルの阿曼 TiT）
　　1955 年に落成した新生戲院は 1966 年に戦後最大の大
火災をおこし、29 人が死亡、25 人が重軽傷を負う大惨事
となった。原因は漏電と言われており、現在はカラオケ
ボックスチェーンの「錢櫃」に生まれ変わっている。

台北市歸綏街 83 巷

✕

歸綏街 97 巷

藝姐之家
芸姐の家

　　照片中是兩兩相對的 Y 字路，位於雙連國小與蔣渭水紀念公園旁。

　　這條 Y 字路上，曾經有過稱為「雙連陂」的陂塘。「雙連」之名，意指兩個大的陂塘。

　　在這條 Y 字路附近的歸綏街，有座被指定為台北市市定古蹟的建築，名為「文萌樓」。實際上，這附近曾經是所謂的「公娼街」。特別是這棟「文萌樓」，乃是為了記錄始於日治時期的官方性產業，以及性工作者人權運動的歷史而保存下來的建築。建築中的展示內容，有許多是關於此人權運動中最重要的人物——官秀琴女士（通稱「官姊」）。

　　曾經是公娼的「官姊」，因陳水扁任職台北市長時廢止公娼制度而失業；成為私娼後，致力於性工作者的權利運動，曾擔任「台北市

　双連国小や蒋渭水記念公園のそばにある向かい合った
Y字路。

　このY字路に沿うように、かつては「雙連陂」（「雙」
は「双」の旧漢字）と呼ばれる沼地が流れていた。「雙連」
という名には、二つの大きな沼地という意味がある。

　さて、帰綏街といえば、このY字路のすぐ近くに台北
市の古跡に指定されている建築物がある。名前を「文萌
楼」という。このあたりはかつて、所謂「赤線」（公娼街）
で、特にここ文萌楼は、日本時代に始まった公的性産業

公娼自救會」會長，然而卻在 2006 年於基隆海邊溺斃。

　　台灣的公娼制度，始於日治時期的 1898 年，集中設置於歸綏街到艋舺、大稻埕等地，除了遊廓（**譯註：即官方許可妓院集中經營的地區**）之外，這裡也有「藝妲」（有如日本的藝妓或舞妓，磨練技藝，陪伴於酒席旁的女性），提供大型宴會場所的「酒樓」林立。以往提到「歸綏街」，就給人一種十分熱鬧的印象，人潮擁擠、摩肩擦踵，女性有如金魚般從人群中穿梭而過。走到重慶北路，可看見藥房與醫院等招牌，這裡與日本原本的赤線地區（**譯註：赤線指的是公娼集中的地區**）有著共通特徵。在公娼制度中，非常重視性病預防，女性必須定期檢查，想必到了檢查日，婦產科前應該也曾出現女性大排長龍等待的景象吧。

　　張文環是出身嘉義，活躍於日治時期的小說家與編輯。他除以日文發表大量小說外，也發行純文學雜誌《福爾摩沙》，曾經用日語書寫以「藝妲」為主角的小說──〈芸妲の家（藝妲之家）〉。

　　小說主角名為「采雲」，故事大意

　から性産業従事者の人権運動へと連なる歴史を記すために保存されている。建物内で展示されているのは、権利運動のもっとも重要人物と言われている官秀琴さん（通称：官姐）についての記録が多くを占める。

　「官姐」は元・公娼で陳水扁が台北市長時代に公娼を廃止したことにより失業、私娼となった後に「台北市公娼自救會」の会長として性産業従事者の人権運動に尽力したが、2006 年に基隆海岸にて水死体で発見された。

　日本時代の 1898 年より始まった台湾の公娼制度だが、ここ歸綏街から艋舺、大稻埕に集中して設置され、遊郭のほかに、「藝旦」（日本でいう芸妓や舞妓のような、芸事を磨いてお酒の席に着く女性のこと）や大型の宴会場である酒楼が立ち並び、かつての歸綏街といえば、肩をぶつけながら歩く程の賑わいを見せて、その間を女性たちが金魚のようにするりするりと泳ぎ抜けている、そんなイメージであったらしい。重慶北路に出ると、視界に飛び込んでくる薬屋や病院の看板に日本の元・赤線地帯との共通点を見出すことが出来る。公娼制度の一番の目的は性病の予防で、定期的に女性達の検査が行われていた。検査の日には、ここ重慶北路の産婦人科の前に女性たちが列をなしていただろうか。

　張文環というひとがいる。日本時代に活躍した嘉義出身の小説家・編集者で、日本語で多くの小説を発表したほか、純文学雑誌『福爾摩沙』を発刊した。その作品の

如下：采雲因為有了喜歡的對象而想結婚，但是由於不能
違背母親而無法辭掉藝妲的工作。故事的最後，無力抵抗
現實、嘆息自身命運的采雲，在廁所中佇立到黎明，眺望
窗外淡水河水面上的漣漪，「省悟到在這樣的社會中，似
乎只有選擇自殺一途；她一邊思索一邊眺望著淡水河上的
帆船」。

　　從歸綏街往淡水河邊，有許多女性在此地營生，其中
有多少的「采雲」，企圖結束自己的生命呢？

　　至少，我們知道有位名為「官秀琴」的「采雲」，她
所留下的痕跡，如今靜靜地留在歸綏街 139 號之中。

錦西街 53 巷 ×59 巷的
Y 字路
錦西街 53 巷 ×59 巷の Y
字路

ひとつに、「芸姐の家」という「藝旦」を主人公にした小説がある。

　主人公の名は「采雲」。

　好きな男性が出来て結婚を夢見てはいるものの、母親の意図にそぐわないことから芸旦の仕事をやめることが出来ずにいる。抗うことの出来ない自分の運命を嘆き、トイレに立った明けがた窓から淡水河の水面にさざなみが立つのをみて、「こういう社会における自殺は今のところ唯一の打開策ではないか、と考えながら淡水河に浮かぶ帆掛船を眺める」ところで、物語は終わる。

　歸綏街から淡水河までの中で生業をしていた沢山の女性達のなかに、どれだけの采雲がい、どれだけの采雲が自ら果てたことだろう。

　少なくともわたし達はひとり「官秀琴」という名の采雲を知っており、その痕跡はひっそりと今も、歸綏街139号にある。

1903年的地圖與現在地圖疊合
1903年と現在の地図を重ね合わせたもの

1914年的地圖與現在地圖疊合
1914年と現在の地図を重ね合わせたもの

台北市承德路二段 37 巷

×

承德路二段 37 巷 9 弄

　　這條 Y 字路，位於大同區赤峰街，這一帶屬於大稻埕。位於淡水河流域的「艋舺（現在的萬華區）」，是台北的發源地，大稻埕則是接續艋舺，因水運而發展起來的地區。

　　漫步在赤峰街上，洋式風格（Colonial Style）建築櫛比鱗次，牆上鑲嵌的瓷磚與浮雕，充滿懷舊氣息。這些樓宇內，除了小型鐵工廠與五金材料行之外，裝潢新穎的藝廊和咖啡廳也隨處可見，使得赤峰街近來成為受人矚目的時尚景點。

　　往巷子裡面走，如我所料，果然遇見一個美好的 Y 字路。Y 字路上有棟公寓，頂樓加蓋的紅綠浪板與隨意晾曬的衣物，構成一幅毫不做作的日常風景。

　　右頁圖中右側的道路即為承德路二段 37 巷。

　台北のはじまりである淡水河流域の艋舺（モンガ・現在の萬華区）に続いて水運により発展した大稻埕エリアの中にある大同・赤峰街。情緒あるレリーフやタイルの埋め込まれたコロニアル洋式建築の機械部品問屋、修理工場が立ち並ぶなかに、ポツポツと感じのよいカフェやギャラリーが顔をのぞかせ、最近はお洒落スポットとして注目を集めている。

　その裏手には、思ったとおりステキなY字路があった。屋上に増築された赤と緑のプレハブと、洗濯物の対照がポップさを醸し出している。

　写真右手の道路は、承徳路二段37巷。

查閱 1928 年的地圖，可看到現在已不存在的道路，但若對照 1903 年的地圖，則可以發現今日中山地下街 R8 出口一帶曾經是池塘或沼澤，發源於此的水道注入淡水河，而這條水道的存在，則確實影響了現在的 Y 字路，令人感到不可思議。

這條「Y 字路」附近，日治時期名為下奎府町，範圍包括今日的萬全街、歸綏街、太原路與承德路。此地鄰近上述池塘與河川，並提供打鐵製程所需的大量的水，因此往昔町內群集了無數的打鐵店。這讓我聯想起曾經有部由吉永小百合主演的電影叫作「熔爐林立的街」，不知當年赤峰街是否也曾經有過熔爐林立的風景呢？

下奎府町這個地名，源自於台灣平埔族巴賽族的「圭武卒社」（巴賽語：Ki-motsi 或 Kanatsui）；20 世紀以前，今日的大稻埕一帶，都是這個族群的生活範圍。圭武卒社以閩南語音譯後，別名「奎府聚社」，而此地位於平埔族奎府聚社南方，故稱為「下奎府」。如今，隨著時代變遷，巴賽族已因逐漸「漢化」而近乎絕跡；以亞洲田野調查聞名的日本人類學家鳥居龍藏，曾經拍攝巴賽族的照片，成為今日研究台灣原住民的珍貴資料。隨著時代變遷，巴賽族已因逐漸漢化而近乎絕跡。

1903 年的地圖
1903 年の地図

1928 年的職業分類地圖
1928 年の職業分類地図

　1928 年の地図では現在とは無関係に道路が走って
いるように見えるけれど、それより以前の 1903 年の
地図をみれば、現在の中山地下街 R8 出口あたりにあ
った池だか沼だかの水源から淡水河に流れ出る水路
の存在が、確実に現在の Y 字路に影響している不思
議。

　建成公園も、北側および西側の端と 1903 年時の水
路の形が重なる。この付近、日本時代は下奎府町（し
もけいふちょう）と呼ばれ、現在の萬全街・歸綏街
・太原路・承德路あたりが含まれた。鋳物を作る鉄
工場が立ち並んだ理由としては、鉄工には水を多く
必要とするため池が近かったことが挙げられる。吉
永小百合が主演した日本映画の名作「キューポラの
ある街」を思い出す。キューポラの立ち並ぶ風景が、
かつてはここ赤峰街にもみられたのだろうか。

　下奎府町という名は、元々この地に住んでいた原
住民・平埔族の部落名から取られた。部族名を「巴
賽族」といい、アジアのフィールドワークで大きな
功績を残した人類学者・鳥居龍蔵の撮影した巴賽族
の当時の写真も残されている。

　巴賽族は時代とともに漢化が進み、20 世紀はじめ
に絶滅したという。

台北市信義路三段 31 巷 ╳ 建國南路一段 304 巷

這是在大安森林公園與仁愛路之間的小路上發現的 Y 字路。

從左邊道路往仁愛路方向前進，會看到台北市立「幸安國小」。「幸安國小」的前身是「幸小學校」（正式名稱為台北州幸尋常高等小學校），創立於日治時期的 1933 年（昭和 8 年），今年邁入創校第八十三年，是擁有悠久歷史的小學。2013 年舉辦的創校八十週年紀念典禮中，有不少之前的日本人畢業生造訪，一同慶祝。

日治時期以前，這一帶稱為大安庄柴竹圍。柴竹圍名稱的由來，是因現在的大安森林公園以及建國南路、信義路交叉路口一帶，當初是林、蘇、周三姓居住的村落，周圍並圍有竹子或樹木之故。

照片最左側可看見「義光教會」的招牌。這裡原本是林義雄先生的住所，他是民主進步

　大安森林公園と仁愛路のあいだの小さな路地の中で見つけた Y 字路。

　左手の道を仁愛路のほうにむかって進むと幸安国小という公立の小学校がある。1933 年の日本時代（昭和 8 年）に幸小学校（台北州幸尋常高等小學校）として創立し、今年で 83 年目の歴史ある小学校だ。2013 年に行われた80 周年記念式典には、かつての日本人卒業生もお祝いに訪れたと聞いた。

　日本時代以前のこのあたりは大安庄柴竹圍と呼ばれた。柴竹圍とは、今の大安森林公園および建国南路・信義路交差点のあたりにあった林・蘇・周という三氏の暮

黨首任由黨員直選的黨主席，民進黨在 2016 年台灣總統選舉中取得壓倒性勝利，誕生了台灣第一位女性總統。

1980 年 2 月 27 日，林義雄的母親與雙胞胎女兒在此地被不明人士殺害。林義雄在台灣戒嚴時期發生的大規模民主抗爭運動「美麗島事件」（1979 年）當中，因作為領導人物而遭逮捕，並接受軍事審判且遭拘禁，就在這段期間，發生了這個事件。

事件之後，這棟房屋長期找不到買主，而後於此地建立了「義光教會」，隸屬於台灣基督新教系統的長老教會。

到目前為止，尚未找到兇嫌，事件仍處於未解決狀態。

當時也在事發現場、唯一生存下來的林義雄長女林奐均，後來渡美學習音樂，從事教會音樂創作，並曾經獲得「金曲獎」等，十分活躍。她還以自身經驗書寫育兒書《百歲醫師教我的育兒寶典》，非常暢銷，成為育兒聖經；在台灣的媽媽之間，甚至分為「百歲派」與「親密育兒派」，後者根據的是美國西爾斯博士的《親密育兒百科》。

らす集落が、竹や樹木に取り囲まれていたことに由来す
る。

　写真左端に「義光教会」という看板が見える。この場
所は元々、2016 年の台湾統一選挙で圧倒的な勝利をおさ
め、台湾初の女性大統領を生んだ民主進歩党の元・党主
席、林義雄氏の自宅だった。

　1980 年 2 月 27 日にここで、林氏の母親と双子の娘が
何者かによって惨殺される。1979 年、戒厳令中の台湾で
起きた最大の民主運動「美麗島事件」のリーダー格だっ
た林氏が、逮捕されて軍事裁判のため拘束されていた最
中の出来事だった。

　以降、長いあいだ買い手がつかなかったこの場所を引
き継ぎ「義光教会」を建てたのが、台湾プロテスタント
系の長老教会である。

　今もなお犯人は見つかっておらず、事件は未解決のま
まという。

　現場で唯一生き残った長女の林奐均さんは、その後ア
メリカに渡って音楽を学び、台湾のグラミー賞である金
曲奨を受賞するなど教会音楽の作曲家として活躍。また
自身の育児経験をもとに書いた『百歳醫師教我的育兒寶
典』（百歳のドクターが教えてくれたわたしの育児辞典）
という育児書もベストセラーとなり、アメリカのシアー
ズ博士による『ベビー・ブック』と並んで、台湾ママの
間で百歳派とベビーブック派に分かれるほどの育児バイ
ブルとなっているそうだ。

台北市師大路

以師大夜市聞名的師大路，正中央有座「師大公園」，也因而形成了 Y 字路。

戰後，在師大商圈的龍泉街一帶，出現許多臨時建築，攤販林立；經過整頓後，誕生了現在的師大路與師大公園，公園前的鎖店等，或許還能見到當年的樣貌。如今，這一帶在師大的管理下，遮陽傘下林立著小小的雅緻空間，時時刻刻變換著不同的樣貌。

師大路名稱來源於國立台灣師範大學，而師範大學在日治時期稱為「舊制台北高等學校」，是前總統李登輝先生的母校。

當時，這裡稱為「古亭町」。從 1930 年的地圖來看，圍繞學校一周的水溝，正好經過 Y 字路的尖端，形成現在師大路的一部分。

從以前開始，這一帶就是充滿文化氣息的

　師大夜市で有名な師大路の、真ん中に師大公園の見える Y 字路。

　戦後、ここ師大商圏の龍泉街あたりには違法のバラックが建てられ露天商が立ち並んでいたそうで、それが整理されたのち、現在の師大路および師大公園は誕生した。公園前にある錠前屋などは当時の名残りなのかもしれないが、この一帯も師大管轄のもと、ガーデンパラソルの立ち並ぶ小洒落た空間へ刻々と姿を変えている。師

大路の名前のもとになった台湾国立師範大学は、日本時代は「旧制台北高等学校」といい、元総統の李登輝氏も通った学校だ。

　当時の街の呼び名は「古亭町」。1930 年の地図を見ると、学校をぐるりと囲んでいた疎水が Y 字路のちょうど先あたりに来ており、現在の師大路の一部を成していたことがわかる。

　そもそもこの一帯は、かつての台北城の南側にあたり、多くの作家や学者・文化人が暮らしてきた文化のかおり高き「城南区」の中心であった。

　そんな理由もあってか、衣服やアクセサリーの露店商が多く集まるようになった 2007 年ごろから、作家の韓良露さんはここを「南村落」と名づけ、台北の飲食文化や

「城南區」（台北城南側，有許多作家與學者、文化人士居住於此）的中心。

或許是這個緣故，2007 年左右，這一帶聚集了許多販賣衣服與首飾的攤販，作家韓良露將此地命名為「南村落」，賦予它一種象徵台北飲食文化與生活美學的印象。

作為「台北美食與流行聖地」，這裡曾經被許多雜誌與旅遊節目介紹，因此吸引了不少觀光客。但是另一方面，也出現不少酒吧，經常喧嘩到深夜，衛生條件變差、居住環境逐漸惡化，甚至讓當地居民憂心師大公園會變成「撿屍公園」。

1930 年的地圖與現在地圖疊合
1930 年と現在の地図を重ね合わせたも

當時正值台北市土地價格翻漲兩、三倍時期，如果因為環境問題而造成土地價格無法上漲，當地居民無法坐視不管。於是，從 2011 年開始，周邊三個里便共同發起住民運動，試圖排除違法店面以及造成衛生惡化的飲食店，騷動一時，甚至引起政府介入。

後來三里聯合組織發生內鬥，甚至發展成政治上的貪污嫌疑，因而解散。也因為如此，師大夜市得以繼續存活至今，不過已與從前有很大的不同。雖然如此，還是有不少堅持自我美學風格的店存在，如知名的茶藝館「小慢」；而韓良露女士雖然已於 2015 年早逝，但是她的「南村落」夢想，仍有幸被繼承至今。

生活美学を象徴するエリアとして打ち出す。

　これが「台北の美食とファッションの一大メッカ」として多くの雑誌や旅行番組で取り上げられ学生や観光客を惹きつけた結果、深夜まで外国人が馬鹿騒ぎする飲食店が増え、不衛生になり、街の環境悪化に繋がり、師大公園は別名「検屍公園」と呼ばれるまでの事態に発展していく。「撿屍体（死体拾い）」というのは、女の子に酒を飲ませ前後不覚にしてから悪さをする、という意味のクラブ用語らしく、誰が言い出したのかしらないけれど、上手いこと言ったものだ（感心するところでは無いかもしれないが）。

　おりしも台北の土地の価格が 2 倍 3 倍とウナギ登りに上がっていた時期だった。もし土地の値段が上がらないのが環境のせいとなれば、住民も黙ってはいられなかったろう。2011 年からついに周囲 3 地区による合同組織がつくられ、違法な店や衛生悪化の原因となる飲食店の排斥を掲げて住民運動が巻き起こり、政府も介入する騒ぎとなった。

　そののち 3 地区合同組織のなかで内輪もめが勃発し、それが政治的汚職嫌疑にまで飛び火したことから組織は解散。おかげで師大夜市も存続する運びとなり、今にいたる。それでもすいぶんと様相は変わってしまった。

　とはいえ、例えば有名な茶芸館「小慢」に代表される、しっかりとした美学を堅持する店がいまも営業をつづけ、2015 年に早世された韓良露さんの南村落の夢をいまに伝えているのは幸いだ。

台北市安和路
×
仁愛路四段 105 巷

2006 年結婚後剛搬來台北時，半夜在誠品書店（1989年開幕的仁愛路與敦化南路口一號店）閒晃，是當時最感到快樂的事。來到書店的人，各隨所好地拾起喜愛的雜誌或書本閱讀，完全不必在意時間的流逝。讀倦時，可以到咖啡廳喝喝咖啡或是比利時啤酒，或者到書店的販酒處買瓶紅酒回家。當時在東京還沒有這類書店，後來開幕的代官山蔦屋書店，據說就是以誠品書店的經營模式為範本。

照片中的 Y 字路，就位在誠品敦南店後方的安和路旁。查閱 1950 年的地圖，可以知道在這個 Y 字路右側的安和路，以前曾經是水道；當時還有另一條與安和路平行的溝渠，穿越過仁愛路與敦化南路交叉口處的圓環。這一帶曾經是廣闊的草地，其中坐落著稀稀落落的三合院，應該是當時在此處擁有大片土地的林氏家族的宅第。

　結婚して台北に来た 2006 年ごろ、一番楽しかったのが
真夜中の誠品書店でぶらぶらすることだった。誰もがお
もいおもいの場所で好きな雑誌や本をいつまでもいつま
でも楽しんでいた。疲れたらカフェでベルギービールや
コーヒーを飲んで、書店内のワインショップでワインを
買って帰った。そのころ東京にもそんな書店はなくて、
だからその後の蔦谷書店代官山店のロールモデルになっ
たと言われている。写真の Y 字路はそんな、1989 年に開
店した仁愛路×敦南南路の誠品書店・一号店の裏手、安
和路沿いにある。

從中國福建來台、開墾大安區的移民，以陳、凌、林、周、廖五姓為最大宗，而這一帶是擁有「陂心林厝」、被稱為「陂心林家」的林姓一族的土地（與四維路 141 號一帶、擁有林安泰古厝的林家是不同家族）。

在 1898 年的地圖中，這一帶也被記載為「陂心」。「陂」意謂著「池塘」、「池沼」、「水邊」。「陂心」地名的由來，似乎是由於這裡原本是丘陵地的中心，被陂塘（位於現在的忠孝東路與市民大道之間）以及源流於陂塘的兩條水道包圍，猶如城堡一般。當時「陂心林家」的土地，東至延吉街、南至信義路四段與安和路一段、西至忠孝復興的 SOGO 百貨公司附近、北至市民大道，是現在地價最高的地區。事實上，在日治時期後期，這一帶因池塘乾涸，變成只能栽培菱角的泥地；感到束手無策的林家，遂將土地轉賣給國泰集團的蔡家，待仁愛路開通之後，始開設了國泰醫院，以及目前誠品書店所在的大樓。從現在樹蔭翁鬱的美麗仁愛路，似乎很難想像曾經有過這樣的歷史。

在目前「建倫里」的轄區內，也就是明曜百貨後方，有座「埤心林三勝公廳」，是祭祀陂心林家祖先的廟宇，是目前唯一能讓人遙想林氏家族榮景的所在。根據林氏耆老所述，日治時期可以從「陂心林厝」眺望台灣總督府（**譯註：即現在的總統府**）。

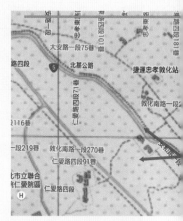

1950 年的地圖與現在地圖疊合
1950 年と現在の地図を重ね合わせた

在 1898 年的地圖中，這一帶被記載「陂心」。

1898 年の地図中で、この一帯は「陂心」と記載されている

　1950 年の地図をみてわかったのは、Y 字路右側の安和路がむか
しは水路だったことだ。そして、仁愛路×敦化南路のロータリー
を斜めに横切る形でもうひとつ安和路と平行する水路もあった。
周辺には草地が広がり、ぽつぽつと三合院が建つ。当時このあた
りに広大な土地を所有していた林氏の家屋と思われる。

　大安区を開墾した中国福建からの移民の中で特に栄えたのが陳
・凌・林・周・廖の五姓の一族だが、特にここ一帯は「陂心林厝」
という屋敷を有する林一族、人呼んで陂心林家の土地であった（四
維路 141 号一帯にある林榮泰厝の林氏とは異なる）。

　1898 年の地図でも、このあたりは「陂心（ビーシン）」と表記
されている。「陂」の字は「池」「沼」「水岸」を意味するが、池（現
在の忠孝東路と市民大道のあいだ）とそこから流れ出る 2 本の川
に城郭のように囲まれた丘陵の中心であった事からこの名が付い
たらしい。その頃の「陂心林家」の土地は、東は延吉街、南は信
義路四段と安和路一段、西は忠孝復興のそごうデパート付近、北
は市民大道まで及び、いまでいえば地価が最も高いエリアにあた
る。しかし実はこの一帯、日治時代の終わりごろには池が干上が
り菱角（菱の実）しか育たぬ泥地と化していた。手を焼いた林氏
は現在の国泰グループの蔡氏に土地を売却、のちに仁愛路が開通
して國泰病院や誠品書店が出来た。大王椰子の並木が影を落とす
うつくしい今の仁愛路にそんな過去があったとは……

　現在の町名は「建倫里」といい、明曜デパートの裏にある陂心
林家の氏神を祀る廟「埤心林三勝公廳」で、唯一、かつての林氏
の栄華をしのぶことができる。林氏の古老の話では、日本時代に
は陂心林厝から当時の総督府をも眺めることができたという。

台北市安東街 35 巷 ✕ 復興南路一段 122 巷

　　位於安東街的這個 Y 字路上，有家每日都大排長龍的「彰化肉丸」，而 Y 字路後方的大樓，則是每家窗戶都各自擁有不同面貌，對我這個已經看慣建築物有著整齊劃一外觀的日本人而言，這樣的景象頗為動人心弦。

　　Y 字路口的左邊是此地的土地公廟「福佑宮」，建於清領時代的 1824 年，已經擁有一百九十年以上的歷史。「福佑宮」除了祭祀土地公之外，也奉祀著媽祖、觀世音菩薩，值得注意的是，這裡還奉祀了清水祖師。清水祖師是守護福建泉州安溪人的神明，因此，這裡有可能是由泉州安溪人所開墾的土地吧！

　　以鐵觀音聞名的安溪，從以前就是有名的茶產地，許多人從事製茶業，相傳清水祖師曾經數次在乾旱季節祈雨成功，在茶葉上降下甘霖，因而成為安溪的守護神。目前在台

　　毎日長蛇の列が出来る、安東街「彰化肉丸」のある Y
字路。マンションの 1 戸ずつしつらえの異なる窓が、均
一な外観の建物を見慣れている日本人の眼には迫力を持
って映る。

　　左端に見えるのはこのあたりの氏神様（土地公）「福
佑宮」で、建立されたのは清代の 1824 年というから、す
でに 190 年以上もの歴史をもつ廟ということになる。福
佑宮では土地公のほか、媽祖・観世音菩薩、そしてもう
ひとつ清水祖師がいることに注目したい。清水祖師は福
建泉州安溪人を守護する神様である。ということは、こ

1898 年的地圖與現在地圖疊合
1898 年と現在の地図を重ね合わせたもの

灣，三峽的長福巖祖師廟，與艋舺清水巖、淡水清水巖合稱大台北的三大祖師廟。三峽也是茶的盛產地，早期，該地的茶葉與藍染製品會順著大漢溪而下，經由艋舺與淡水的港口輸出。由此看來，三峽應該也是由安溪人開墾、後來大為發展之地。

日治時期，這一帶稱為「上埤頭」，位於往現在忠孝復興太平洋SOGO 本館後方一帶流動的溪流上方。翻開 1898 年的地圖，可知這條 Y 字路曾經是水圳道流經之處。

若往這條溪流溯源，會經過SOGO 後方的瑠公圳公園，然後沿著安和路，將會抵達信義路四段與光復南路交叉口附近的文昌街。

如果以手指在地圖上沿著溪流溯源，會發現一件令人驚訝之事，那就是，這條溪流的存在，到底形成了多少條台北的 Y 字路啊！

こは泉州安渓人によって開墾された土地なのだろう。

　鉄観音で知られる安渓は昔からお茶の名産地で多くの人が茶葉産業に従事していたので、幾度の干ばつで雨乞いに成功し茶葉に慈雨をもたらした清水祖師は、安渓人の守り神となった。三峡長福巌祖師廟・艋舺清水巌・淡水清水巌の三社を合わせて大台北三大祖師廟と呼ばれるが、三峡もまた茶の名産地である。三峡の茶葉や藍染が川を下って艋舺・淡水の港から出荷されたことを思えば、これらの場所の発展もまた、安渓人の繋がりと関係が深かったのかもしれない。

　日本時代までこのあたりは「上埤頭」と呼ばれ、今の忠孝復興にあるそごうデパート本館の裏あたり一帯に広がっていた川の上側にあった。1898 年の地図をみると、ちょうどこの Y 字路の広がりの形に川の流れも広がっていたことがわかる。

　この川をさかのぼると、そごう裏の瑠公圳公園を通り安和路に沿って信義四段×光復南路あたりの文昌街へとたどりつく。

　指で地図上をたどりながら、驚いた。

　この川の存在が、いまの台北にどれだけの Y 字路を生みだしたことだろう！

台北市延吉街

×

光復南路

　　豆漿與飯糰，是我來台灣後開始愛上的食物。糯米夾著油條與切碎的菜脯，紮實沉甸的感覺令人安心，入口時既有彈性又酥脆的口感，令人想到就忍不住要嚐嚐。而飯糰的好搭檔，當然就是微甜的熱豆漿。

　　在日本，除了便利商店與家庭餐廳之外，想在清晨與深夜時刻覓食，相當困難，然而，在台灣卻有「豆漿店」的存在。豆漿店亮著白色螢光燈，那種燈光似乎有一種不可思議的魔力，令人不禁悠悠晃晃地走進店中。試飲過不同店舖的豆漿之後，會發現即使同樣名稱的店，味道上也會有相當的差異。特別是豆漿，隨著味道濃淡與粉狀的差異，口味會有很大的不同。在這裡有間「楊記永和豆漿」，附近還有以水煎包聞名的店。

　　照片左方的道路是延吉街，在 1888 年的

　台湾に来て大好きになったモノのひとつに、豆乳（豆漿）と台湾風おむすび（飯糰）がある。揚げパン（油條）やタクアン（菜脯）を挟んで握られたモチ米の、どっしりと構えたような頼もしさ、口に入れたときのムギュムギュ・カリカリとした歯触りのたのしさを思い出すと堪らなくなる。それに合わせるのはモチロン、甘さ控えめの温かい豆乳と決まっている。

　日本で早朝深夜にコンビニやファミレス以外で食べ物を探すとなると大変だけれど、台湾には「豆漿店」がある。夜の街で白く発光する豆漿店をみるとフラフラと引き込まれてしまう、あの蛍光灯の光には不思議な魔力が宿っている。幾つものお店で飲み比べているうち、同じ屋号でも店舗によってかなり違いがあることがわかった。特に豆乳は、薄かったり粉っぽかったりと差が大きい。

　さて、ここのY字路にも楊記永和豆漿というお店があった。近くには水煎包（小さめの肉まんを鉄板で焼いたもの）の名店もある。

地圖中已經出現，是 19 世紀以前就已經開拓的古老街道。現在這一帶以擁有許多美食聞名，延吉街與照片右側的大馬路——光復南路（1947 年開闢）形成了現在的 Y 字路。

清代，這裡稱為興雅庄，延吉街剛好是興雅庄與鄰近大安庄之間的分界線。根據記載，興雅庄擁有十分肥沃的土地，適合種植農作物，並且背對著四獸山，是擁有絕佳風水地理的地方，現在，這裡擁有台北首屈一指的高級住宅區。曾經是興雅庄地主的興雅林家，在最繁盛的時期，從鐵路（曾經鋪設於現在的八德路與市民大道上）到四獸山，都是林家的土地。不過，後來由於財產被盜賊掠奪，家道因而中落。

此外，拿出私產來建設灌溉台北東部的水圳、以「瑠公」尊稱聞名的郭錫瑠，也住在興雅庄。由於以往僅有蓄水池，田間的灌溉用水不足，郭錫瑠遂開始進行從淡水河與新店溪引水灌溉的計畫；因必須經過原住民的土地，曾數度遭到出草。灌溉水圳的建設進度緩慢，總共花費十數年的時間。1762 年，水圳終於完成，然而三年後卻因颱風造成不小的損害。眼睜睜看著這一切的郭錫瑠，氣力漸衰，終於嚥下了最後一口氣。

　写真左の道路「延吉街」は 19 世紀以前（少なくとも 1888 年の地図で確認できる）より続く古い通りで、現在は美味しいものが多い通りとして有名だが、それと民国 36 年（1947 年）に出来た右側の大通り・光復南路との関係で出来た、これはそんな Y 字路だ。

　清代はこの地域の名を興雅庄といい、その隣の大安庄との区切りになっていたのが延吉街にあたる。記録によれば興雅庄は肥沃で田畑に適した土地なうえ、四獣山を背に風水的にも絶好の場所なのだそうで、今でも台北屈指の高級住宅街を擁しているが、かつて興雅庄の地主だったのは興雅・林家で、その隆盛は現在の八徳路および市民大道を走っていた当時の鉄道が、四獣山に入るまで林家以外の土地は通らないと言われるほどだった。しかしのちに、盗賊に財産を奪われて没落してしまう。

　また私財を投げ打って台北東部を灌漑したことで、「瑠公」の尊称で知られる郭錫瑠が台北で居を定めたのも、ここ興雅庄だ。それまでに在った溜池だけでは田畑の水が足りないため、郭錫瑠は新店渓より水を引くことを計画、実行した。しかし幾度も原住民の抵抗にあうなどして計画は進まず、水路の完成まで十数年を費やした。1762 年には終に完成を見たものの、3 年後の台風での損害が少なくないのを目の当たりにした郭錫瑠の気力はみるみる衰え、そのまま帰らぬ人となった。

台北市復興南路一段
✕
復興南路一段 122 巷

當我想購買日本產品，多半會前往位於忠孝復興交叉
路口的「SOGO 百貨公司」。此處有兩間 SOGO，一間是
白色的忠孝館，一間是綠色的復興館。如果要買魚等海鮮
或紅酒等比較特別的東西時，我會前往綠色的 SOGO；如
果要買日用品，就去白色的 SOGO。這條 Y 字路，位於
SOGO 再稍往北走一點的地方。

在這一帶散步時，經常會感到「水」的氣息。我不知
道為何會有這樣的感覺，因此，當我翻開 1952 年
的地圖時，喜悅之情油然而生。

Y 字路的左側是復興南路一段 122 巷，
這條道路以前曾經是水路。這條水路雖稱為
溝渠，卻相當寬廣。實際上，這條溝渠起始於
光復南路與信義路附近的文昌街，通過誠品
敦南店前，抵達安和路，然後注入「堀川」

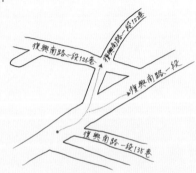

　　日本っぽいものが買いたいと思うと、大抵はこの忠孝復興の交差点にある「そごうデパート」に行く。白いの（忠孝館）と緑色の（復興館）と二つある。魚やワインやちょっと特別なものが買いたいなら緑に行くし、日用品なら白へ行く。ここは、その二軒のそごうから北へ少し歩いたところの Y 字路だ。

　　このあたりを歩くたびに、「水」の気配を感じていた。何故だかは、全くもってわからない。だから 1952 年の地図をみて嬉しさがこみあげた。

　　Y 字路の左側にあたる復興南路一段 122 巷の通りに沿うように、かつては水路があった。しかも水路・疏水と呼ぶには結構おおきい。実はこれ、光復南路と信義路あたりにある文昌街に始まり、誠品書店敦南店の前を通って安和路をたどり、後に堀川（今の新生南路）へと流れこむ川であった。1900 年より以前に川幅はさらに大きく、今の忠孝復興駅から安東街、そしてそごうデパート（忠孝館）の裏側にある公園一帯含めて「象陂頭陂」と呼ば

（現在的新生南路）。1900 年以前，這條水道更寬廣，大致上從現在的忠孝復興站到安東街，而 SOGO 百貨公司忠孝館後方公園一帶，則曾經是名為「象頭陂」的水池；現在市民大道一帶，曾有縱貫線鐵道經過（參見 1895 年台北附近地圖）。

閉目凝神，想像當時的風景吧。在河川流經草地的那一端，可以聽見火車奔馳的聲音，也可聽見潺潺的水流聲，夏天或許還可以看見螢火蟲在空中飛舞。我不太清楚為何在「象頭陂」的名稱中會有「象」字，不過看著地圖上的「象頭陂」，彷彿見到了《小王子》書中出現的「把象吞噬的大蟒蛇」呢。

然而，一睜開眼睛，代替螢火蟲的是輝煌的霓虹燈與往來的車燈，而我就好像是在追尋被大蟒蛇吞掉的大象一樣，在交通尖峰時刻車子與摩托車壅塞的台北市中心，因感受到一絲水的氣息而來到了這條 Y 字路上。

1895 年台北附近地圖
1895 年台北付近地図

れる沼地だったようで、今の市民大道
あたりには、台湾鉄道だって走ってい
た（1895年台北付近地図）。

　目を閉じて意識を澄ませ、当時の風
景を思い浮かべてみる。川の走る草地
の向こうに汽車の走る音が聴こえて、
水音とまじりあう。夏は蛍なんかも飛
んでいたかもしれない。象陂頭陂とい
う名称、どうして象なのかはわからな
いが、地図上の象陂頭陂を観ている
と、「星の王子さま」に出てくる「象
を飲み込んだうわばみ」みたいに見え
てくる。

　目をひらけば、蛍の代わりにネオ
ンが煌々と照り、車のライトが行き交
う。ラッシュ時には車とバイクでぎゅ
うぎゅうになる台北の中心街に微かに
残る水の気配を、この Y 字路からたど
っていく。まるで、うわばみの飲み込
んだ象の姿を探しているみたいだ。

1952 年的地圖與現在地圖疊合
1952 年と現在の地図を重ね合わせたもの

台北市永康街
×
永康街 17 巷

　　這條由「永康公園」形成的 Y 字路，位於永康街的中心地帶，而這一帶因「鼎泰豐」與「芒果冰」變得相當知名。

　　歷經數次都市計畫的變更，原本「瑠公圳」支流的一段併入「霧裡薛圳」；實際上，「霧裡薛圳」是台北最古老的灌溉用水。清代，自景美溪引水的「霧裡薛圳」，經過公館、溫州街流到此處，灌溉這一帶的田園，使得永康街很早就開發成農業地帶。

　　日治時期，這裡稱為「昭和町」，後來發展成文教區，供台北帝國大學的研究者與公務員居住的宿舍林立。太平洋戰爭結束後，日本人返回日本，台灣大學與師範大學等學者繼續居住此地，吸引了許多具文化素養的人們，因此醞釀出有如文化沙龍般的氣息。

　　永康街的有趣之處在於，這裡有著許多店面，乍看之下飄散著謎樣氣息。

　鼎泰豊（ディンタイフォン）とマンゴーかき氷であまりにも有名な永康街の、中心に位置する永康公園の Y 字路。

　いくどもの都市計画変更を経て、いつの間にか瑠公圳（瑠公のつくった台北の古い疎水）の支流の一部と化した「霧裡薛圳」は、実は台北で最も古い灌漑用水である。清代に景美渓より引かれた霧裡薛圳が、公館・温州街を通ってこのあたりの田畑を潤したおかげで、永康街は早くから農村地帯として開けた。

　日本時代には、昭和町という名の文教区として発展、台北帝國大学関係の研究者や公務員の住まう官舎が立ち並ぶが、太平洋戦争が終わり日本人が引き揚げた後も、台湾大学や師範大学の学者らに住み継がれて文化の素養ある人々を惹きつけた結果、街自体がひとつの文化サロ

例如，某間店到底是茶藝館還是古董店，或是藝廊？

店裡的人到底是店員還是客人？

擺設的物品到底是商品還是裝飾品？

永康街 53 號，有間名為「？什麼」的奇特的店，從店名就充分傳達出這一點。在這家店中，擺放著各式器皿，從古董到現代藝術家的作品，範疇甚廣，同時也擺設有CD、書籍、雜貨等等，看起來什麼都賣，但是又無法斷定到底哪些才是商品。店內有人坐著喝茶，然而這裡又不是茶藝館；有許多看起來很像店主人的客人，但無法確定到底哪位才是真正的老闆（店主是一位名叫小丸子的女性）。

不過，近年來由於租金高漲，這類有趣的店舖一間間停業，或者搬到別處營業，取而代之的是許多「重視營收」的商店。

對於許多日本人而言，永康街就是「鼎泰豐」與「芒果冰」，當然二者都十分美味，不過，如果永康街就這樣成為高級版的「士林夜市」的話，未免令人覺得既捨不得又難過。

ンのような趣きを持つようになった。

　永康街の面白いところは、一見なんの店なのか謎な店が多数あるところだろう。

　お茶屋さんなのか骨董屋なのかギャラリーなのかなんなのか？

　店の人なのか客なのか？

　売り物なのかそうじゃないのか？

　それを屋号からして体現しているのが永康街 53 號にある「? 什麼」という名の不思議な店（日本語で「なに？」という意味）で、骨董から現代作家の器から CD、本、雑貨など、ありとあらゆるものが売っているように見えるが、どこからどこまで売る気があるのか定かでない。中に座って居る人は茶を飲んでいるが茶芸館でもないし、店主の様な顔をしている客がいっぱい居るので、どの人が本当の店主なのかも不明である（が一応、店主は小丸子さんという女性である、因みに小丸子とは"ちびまるこちゃん"のこと）。

　とはいえ、近年は地価の高騰につれて家賃もあがり、そんな面白いお店も 1 軒 1 軒と店を閉めたり他所へうつったりして、代わりに「売る気満々」のお店ばかりが増えているような気がする。

　多くの日本人にとって永康街とは鼎泰豊でありマンゴーかき氷で、勿論どちらも美味しいには違いないが、永康街がこのまま士林夜市の高級バージョンになってゆくのだとすれば、余りにも忍びなく、せつない。

台北市浦城街

這條 Y 字路，位於師範大學內側的浦城街上。

此處目前聚集了不少販賣有比利時啤酒等的時髦咖啡店與異國料理店，但其實這裡是台北市較早開發的地區。

從距離水源地不遠的公館一直到中正紀念堂、沿著羅斯福路的周邊，曾經有許多條水路，這一帶（浦城街、同安街、牯嶺街）有如迷宮般的複雜地形，可說是水路遍佈所留下的痕跡。

其中浦城街 16 巷，至少在 1930 年左右仍是溝渠，也因此在附近形成了數個 Y 字路。

照片中，由於被路邊停車擋住，看不到有一塊如同石碑般的石頭，隱藏在 Y 字路前端處的植栽後方。圓錐形矮矮胖胖的石頭，有點像是日本庭石的味道，石頭上並沒有特別寫字。

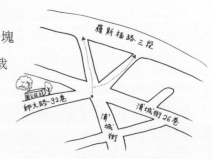

其實在我開始尋找台北的 Y 字路時，曾經特

　師範大学の裏手・浦城街にあるY字路。

　ベルギービールを置くような洒落たカフェや多国籍系の料理屋が、台北のなかでは比較的早い時期からできたエリアだ。

　水源地からほど近い公館から中正記念堂までの羅斯福路沿いには曾てたくさんの水路が走っており、この一帯（浦城街・同安街・牯嶺街）に残る迷路の様に複雑な地形もその名残りといえるだろう。

　浦城街16巷も少なくとも1930年までは疎水だったようで（次ページ地図参照）、このあたりの複数個所で発生しているY字路に、その痕跡が残っている。

156

別留意某樣東西，那就是「石敢當」。石敢當具有避邪功能，經常設置在丁字路或三岔路的路衝處。

　　據說妖魔喜歡直線前進（沖繩與奄美大島的惡靈稱之為マジムン），當它們徘徊於街道時，遇到岔路或三岔路時不會轉彎，而會直接進入道路盡頭處的住家中作祟，如果在此處設置「石敢當」，妖魔則會直接撞上而灰飛煙滅。

　　日本在鹿兒島與沖繩等地，經常可以看到石敢當，據說源自於中國福建。所以我想有許多福建移民的台灣，想必也有「石敢當」吧。

　　雖然我有著這樣的期待，但是一直到我來到這條Y字路之前，都沒發現到類似之物。不過，一般會在石頭上書寫「石敢當」三個字，但是這塊石頭並沒有書寫任何文字，所以不能確定是否真的是石敢當。

　　「石敢當」的名稱，據說源自於中國五代晉國勇士或是相撲力士之名，但是沒有明確的根據。

1930 年的地圖與現在地圖疊合
1930 年と現在の地図を重ね合わせたもの

ところで冒頭の写真では路駐の車に隠れて見えないのだが、鋭角の植え込みに隠れて石碑のような石を見つけた。円すい形でずんぐりとして、どちらかと言えば日本の庭石のような雰囲気だが、字などは特に書かれていない。

如石碑般的石頭
石碑のような石

じつは台北でＹ字路探しを始めたときから、期待しているものがあった。「石敢当（いしがんとう／せっかんとう）」と呼ばれ、Ｔ字路や三叉路の突き当りに置かれる魔除けである。

沖縄や奄美大島では、マジムンと呼ばれる魔物は直進する性質をもつという。街のなかを徘徊している際に二叉路・三叉路で曲がる事のできない魔物は、直進して突き当りの家に入り悪さをするが、石敢当を置けばぶつかって砕け散ってしまうらしい。

日本では鹿児島や沖縄に多く見られるが、元々は中国・福建から伝わったという。福建からの移民がおおい台湾なら、かならず石敢当もあるに違いない。

そう期待していたのだけれど、このＹ字路に来るまでそれらしきものはなかった。しかし通常は、石表面に石敢当と書いてあるのが標準らしいので、この石が果たしてそうなのかわからない。

石敢当の名の由来は、古い中国の五代の時代・晋の国にあった勇士の名前とも、力士の名前とも言われているが、明確な根拠はないようだ。

台北市泰順街 39 巷
×
57 巷

　　大約四十年前，由溫州街、泰順街所形成的棋盤狀街區，被辛亥路橫向切割，因此在沿著辛亥路一帶出現了許多 Y 字路。

　　在辛亥路開闢以前，龍安國小到新民國小一帶，曾經是廣闊的田野，在這張照片中的拍攝地附近，還聽說曾經有小孩溺斃於堆肥池中。

　　就讓我們看看 1930 年的地圖吧（請見下頁地圖）。

　　當時，源自於公館水源地的水流，注入霧裡薛圳這條台北最古老的灌溉水道，然後從溫州街 45 巷的「九汴頭」開始，分支成「堀川」（正式名稱為特一號排水溝／現在的新生南路）與第一、第二、第三霧裡薛支線。

　　源自於這條第三霧裡薛支線、跨越辛亥路的小溝渠，剛好流經泰順街這條 Y 字路前

　温州街、泰順街の碁盤の目型の町を40年ほど前に辛亥路が斜めに横切って作られたため、辛亥路沿いにも沢山のY字路が存在する。

　辛亥路ができるまでは、龍安国小から新民国小一帯に畑が広がっており、この写真付近にあった肥溜めに子供が落ちて溺れ死んだこともあったらしい。

　1930年の地図を見てみよう（次ページ参照）。

　公館の水源地から流れ出た水は、霧裡薜圳と呼ばれる台北最古の上水道をながれ、温州街46巷の「九汴頭」から、堀川（正式名称を特一號排水溝・現在の新生南路）、第一・第二・第三霧裡薜支線へと枝分かれしていく。

　この第三霧裡薜支線から、辛亥路を跨いで流れていた

端，由此可知這裡的 Y 字路也是因水路而形
成。

　順道一提，從此處往東北方流去的第二
霧裡薛支線，會經過溫州街 18 巷，位於此地
的是被稱為台灣自由主義之父的哲學家——
殷海光的故居（目前可供參觀），而此故居
旁邊的另一棟日式住宅，戰前則是某位日本
人畫家的居所。

　這位畫家的名字是立石鐵臣。

　1905 年，立石鐵臣出生於台北。九歲時
返回日本後，開始學習繪畫，曾經師事岸田
劉生與梅原龍三郎，尤其梅原對他的影響頗鉅。立石備受
梅原期待，認為他「總有一天會成為日本畫壇具代表性的
人物之一」，後也因梅原的建議，再度踏上台灣土地，除
了製作描繪台灣風景的油畫之外，也留下許多記錄台灣民
俗工藝與風俗習慣的插畫，成為保留台灣人傳統生活的珍
貴史料。

　戰後，立石受國民政府留用，曾經擔任雜誌編輯以及
台北師範學校（現在的台北市立教育大學與國立台北教育
大學）的美術教師，1948 年返回日本。返日後，他以擅長
的細密描寫技法描繪許多動植物圖鑑等，然而作為畫家卻
不太有名；1980 年去世，享年七十五歲。

　我對立石鐵臣的認識，來自於最早評價立石鐵臣繪畫

1930 年的地圖與現在地圖疊
1930 年と現在の地図を重ね
わせたもの

小さな疎水が、ちょうどこの泰順街 Y 字路の先あたりまで流
れているのがわかる。ここも、水路にまつわる Y 字路なのだ。

　この右上を北東方向にむかって流れる第二霧裡薜支線が流
れている温州街 18 巷には、台湾自由主義の父と言われる哲
学者・殷海光が暮らしていた日式住宅がある（参観可能）。
そして、すぐそばの別の日式住宅には、戦前、とある日本人
画家が暮らしていた。

　画家の名は、立石鐵臣。

　1905 年、台北の生まれである。9 歳に内地へ渡ったのち絵
をまなび始めた立石は、岸田劉生や梅原龍三郎に師事し、特
に梅原には多大な影響を受けると共に「いつか日本画壇を背
負って立つひとり」と将来を嘱望された。梅原の薦めで再び
台湾の地を踏んだ立石は、台湾の風景を描いた油絵のほか、
当時の台湾人の民俗工藝や習俗風習を記録した挿絵をおおく
残した。とくに、立石が表紙や挿絵・デザインを中心に運営
に関わった雑誌『民俗台湾』は、伝統的な台湾の生活をいま
に伝える貴重な歴史資料となっている。

　終戦後、民国政府に留用されて雑誌編集や台北師範学校
（現在の台北市立教育大学および国立台北教育大学）の美術
教師を務めるが、1948 年に引き揚げ。日本に戻ったあとは、
得意の細密描写を用いて多くの動植物図鑑などで仕事をする
傍ら台湾での記憶を元に油絵も描いたが、画家としては無名
のまま 1980 年にその生涯を終えた。75 歳であった。

　立石の仕事をいちばん早く評価したのは台湾の美術出版
社、雄獅圖書出版であるが、わたしが立石に出会ったのも、

成就的台灣美術專業出版社——雄獅圖書出版公司所出版
的《灣生・風土・立石鐵臣》一書。這本書中所刊載的立
石鐵臣畫作「春」，描繪貝殼、蘭花、塔羅牌等主題，呈
現出一種既寧靜又妖艷之美，令觀者陷入忘我境界。這類
細密描寫的作品，與以《民俗台灣》的插畫為代表、充滿
民藝魅力的素樸寫實性之間所產生的落差，深深打動人心。
然而，留下這樣作品的畫家，在日本卻不太為人所知，引
起了我的興趣，而撰寫立石鐵臣書籍的作者，正是本書的
譯者——東京大學美術史博士邱函妮小姐。我由衷地感謝
由立石鐵臣所牽繫起來的緣分。

2011 年，日本發生東日本大地震，台灣捐助了為數龐
大的賑災善款，使得戰後日本人對台灣的關注，可說是達
到高峰。而彷彿與此連動一般，近年來對於立石鐵臣的關
注也開始升高。在台灣，耗費十年所製作的紀錄片「灣生
畫家　立石鐵臣（導演：藤田修平／郭亮吟）」，於台灣
國際紀錄片影展中上映，不但電影票一開賣即銷售一空，
且獲得觀眾票選獎，可見其所受到的矚目。

另一方面，在日本，也以位於銀座的畫廊所舉辦的「立
石鐵臣回顧展」（2015 年）為開端，於 2016 年 5 月在東京
的府中市美術館舉辦了大規模的展覽會。

雖然緩慢但卻是很確實地，人們開始覺察到立石鐵臣
所遺留下來的豐富世界。

對於立石鐵臣的再評價，正要開始。

同出版社から出た『灣生・風土・立石鐵臣』という本において
であった。なかでも、貝殻・蘭の花・タロットカード
などをモチーフに細密描写で描いた「春」という作品の、
しずかでうつくしく、頭の芯をしびれさすようなエロティ
シズムこぼれる精密描写作品と、雑誌『民俗台湾』の挿絵
に代表される民藝的な魅力あふれる素朴な写実性とのギャ
ップに心を打たれると同時に、ここまでの作品を残しなが
ら、殆ど日本で知られて来なかった事にも興味をひかれ
た。その本を書いたのが、この拙著『台湾、Y字路さがし。』
を翻訳してくださった東京大学美術史博士の邱函妮さんで
ある。立石鐵臣の繋いでくれた御縁に感謝したい。

　日本の東日本大震災において莫大な義捐金が台湾より送
られた2011年を境に、日本人は戦後いちばんの関心を台
湾へ注いでおり、それと連動するかのように、近年、立石
鐵臣へも関心が集まっている。台湾では、10年という時間
が費やされたドキュメンタリー映画「灣生畫家　立石鐵臣」
（監督：藤田修平／郭亮吟）が台湾国際ドキュメンタリー映画
祭で上映され、チケット発売から間も無く完売、観客賞受
賞と、その注目度の高さが伺えた。

　また日本でも、銀座の画廊を皮切りに、2016年の5月
には東京府中市の美術館で回顧展が開かれるなど、少しず
つ、しかし確実に、人々は彼の遺した豊かな世界に気づき
始めている。

　立石鐵臣の再評価は、今、はじまったばかりだ。

台北市信義路四段 400 巷

在台北很少碰到，但是在東京散步時，經常會遇到以下的經驗：一是越過平交道，二是爬上坡道，三是渡過小橋（從台北往永和等渡過淡水河上的大橋例外）。

不過，在台北市內，也有一處例外的場所，可以體驗上述第三種渡河的情況。在光復南路西側、沿著信義路Y字路左後方的文昌街，現在依然有著小小的溝渠，上方架著橋樑。大部分都被埋在道路底下而成為暗渠的排水溝，僅在這裡還留下映照在日光下的橋樑。橋的名稱是「信義路八號橋」。

觀察 1932 年的地圖，可以知道從象山流下的幾條溪流，匯集於文昌街，而往西北方流注的小河，後來成為安和路。「信義路八號橋」下的溝渠，現在也在這條Y字路左側的地下流動，而在安和路底下流動的溝渠，經過仁愛國小、國中，通過

　東京でちょくちょく経験できるが、台北ではあまりで
きないこと。

　ひとつ、踏切りをわたる。ひとつ、坂をのぼる。ひと
つ、小さな橋をわたる（永和などに行くための、淡水川
に架る大きな橋なんかは別として）。

　そのみっつめの川をわたる、が台北市内で体験できる
例外的な場所がある。この光復南路西側の信義路沿いに
あるY字路の左裏側、文昌街の中には今も小さな疏水が
流れ、橋がかかっている。大部分はもう道路の下に埋め
られてしまい暗渠になったかつての水路が、まだここだ

仁愛路圓環的誠品書店旁，穿過敦
化 SOGO，在忠孝 SOGO 本店後
方的瑠公公園地下接續至安東街。
原來，大範圍斜向穿越台北縱橫排
列的街道、謎樣的「安和路」，真
正的面貌乃是一條「河川」。自從
知道這件事之後，當我為了買美味
麵包等而走在安和路上時，總是會
感到一絲水的氣息，一瞬間，我彷
彿看到了有著河川的風景。

　　如果在車流稀疏的清晨，往地
面傾聽，是否可以聽見水流潺潺的
聲音呢？

信義路丫字路左後方的文昌街現在依
然有小小的溝渠，上方架著橋樑。
信義路のＹ字路・左奥の文昌街には、
まだ小さな水路があり、橋が架かる。

1932 年的地圖與現在地圖疊合
1932 年と現在の地図を重ね合わせたもの

けは、日の下に晒され橋が架かる。橋の名前を「信義路八號橋」という。

　1932年の地図を見ると、象山より流れでた幾つかの渓流が文昌街に集まり、北西に流れていた小川が、その後に安和路となっている。信義路八號橋の架かる疎水の水が今も、冒頭のＹ字路の左側の地下をゆき、安和路の下を流れて仁愛国小・国中の前を走り敦化南路の誠品書店脇を通って敦化そごうデパートの横を抜け、忠孝そごう本店裏の瑠公圳公園地下から安東街へと繋がっていく。台北という街の縦横の道路をタスキ掛けのように斜めに横切る、謎の「安和路」の正体は一本の川だ。それを知った日から、美味しいパンなんか買いに安和路を歩くときには水の気配を感じて、川のある風景を一瞬幻視するようになった。

　もし車も走らない明け方に地面に耳をくっつけてみたら、水の音が聞こえるかしらん？

安和路 × 仁愛路的「鑽石」Ｙ字路
安和路 × 仁愛路の「ダイヤモンド」Ｙ字路

台北市市民大道四段

×

無名路

在英國，好像有這麼一個笑話：在日本旅行被問到身處何處時，回答的是：「我在無名街道與無名街道的交叉口上。」這麼一提，的確，日本有許多道路都沒有名字。台灣的朋友也曾跟我抱怨：「到東京時，由於沒有路名，覺得很不方便。」歐美的街道大多是「什麼什麼街」或者「什麼什麼路」，每條道路必然會加以命名。台北的街道也是如此，依照道路的寬度大小分別是「路」、「街」、「巷」、「弄」，然後再加上號碼，不管多小條的道路，都有名稱，即使初次造訪台北的外國人，也不容易迷路；這種道路標示系統，對旅行者來說，可說是十分方便。（反過來說，或許只有日本不太方便吧。）

不過，在台北，我也遇到了沒有名字的道路。

　　日本への旅行中にどこにいるかを問われたので「名の
ない通りと名のない通りにいます」と返した、というジ
ョークがイギリスにあるらしい。

　　そういえば、日本の多くの道路には名称がない。台湾
の友人からも「東京にいくと道路の名前がないから不便
でしょうがない」と苦情を言われたことがある。欧米の
街では大抵「なんちゃらストリート」とか「なんとかア
ベニュー」といった名前が、道路毎に必ず付いている。
台北の街だってそうだ。道幅が大きい順に「路」「街」
「巷」「弄」、それに番号が付く。どんな小さな道だっ
て名前があるから、初めて台北に来た外国人でも迷うこ
とは少ない、旅行者に優しい街といえるだろう（という
か逆に、日本が優しくないだけなのかも知れないが）。

　　しかし台北において、ここで初めて出会ってしまった、
名のない通りに。

這裡是市民大道四段上的 Y 字路，對側橫向穿越延吉街。延吉街原本是有名的「瑠公圳」（郭錫瑠所建造的灌溉溝渠，瑠公是尊稱）的第一幹道。根據利用 Google 地圖製作的「原・水路／溪流地圖（Wayne Su 所做的「大台北地區水圳、溝渠」）」，Y 字路右側的無名道路，原本是溝渠。

這條溝渠轉彎後，往仁愛路與光復南路交會處的國父紀念館前延伸，是相當寬廣的馬路。有部分還鋪設石磚，是飄散著高級氣氛的地區，附近有許多美食雜誌記載的知名餐廳。

即使如此，這條道路卻沒有名字。

如果是在日本，並不會特別感到驚訝，但是在台北遇到這樣的「無名路」，實在是非常新鮮的體驗。

其他地方也有類似的無名路嗎？如果將「無名路」找出、並製成台北地圖的話，不知道會浮現出怎樣的都市面貌？我詢問了經常搭乘的計程車司機：「還有沒有其他的無名道路呢？」司機回答說：「想不起來。」還很俏皮地回答我說：「如果發現新星的話，會以發現者來命名，不如就以客人您的名字來替這條道路命名，如何？」

順道一提，Y 字路正中央是大安車層景福宮，祭祀土地公，是東區商家的信仰中心。

Wayne Su 製作的「大台北地區水圳、溝渠」，當中紅線代表的是原本的瑠公圳水路。

Wayne Su 氏作成「大台北地域水圳、溝渠」で赤い線は元々あった瑠公圳水路を示す

　　ここは市民大道四段にある Y 字路で、向こう側を延吉
街が横切っている。延吉街はそもそも、有名な「瑠公圳」
（瑠公との尊称をもつ、郭錫瑠のつくった灌漑用水路）
の第一幹線である。グーグルマップを利用した旧・水路
／渓流マップ（※ Wayne Su 氏作成「大台北地區水圳、溝
渠」）によると、この右側の名のない道路は、以前は川
であった。それが湾曲して仁愛路と光復南路の交わる国
父記念館の前まで延びているのだから、結構大きな通り
である。一部は石畳になり高級感漂うエリアで、その脇
には美食ガイドで有名なお店も沢山ある。

　　なのに、名前がない。

　　日本でなら驚かないのだが、台北でこういう名のない
道に出会うとは新鮮だった。

　　他にもあるのだろうか。そんな「名前のない道」だけ
を取り出した台北地図を作ってみたら、どんな街の表情
が浮き上がってくるだろう？長年、個人で台北を流して
いるタクシーの運転手さんに「ほかにも名前のない通り
ってあるかなあ？」と尋ねたら、「思い当たらない」と
言われた。「新星だったら発見者の名前をつける。お客
さんの名前を着けたらいいんじゃない？」と洒落た答え
が返ってきた。

　　ちなみに Y 字路の真ん中にあるのは、大安車層景福宮
というこの地域の氏神様（土地公）の廟で、東区の商売
熱心な人々の信仰をあつめている。

台北市潮州街
╳
潮州街 59 巷

潮濕的 Y 字路與台北監獄

濡れたY字路と台北刑務所

　　東京一家位於青山的展演空間——「月見ル君ヲ想フ（看到月亮想起你）」，有家分店在台北市的潮州街，是日台獨立音樂界十分熱絡的交流場所。我曾經參加在這裡舉辦的「古早台灣情調」音樂會，於歸途中發現了這條 Y 字路，我將其命名為「夜深雨濕的 Y 字路」。

　　在 1914 年的地圖中，潮州街一帶遍佈著有如蚯蚓般彎彎曲曲的水路，那這條 Y 字路也是因水路而形成的嗎？我一邊思考一邊觀察 1930 年的地圖，以虛線表示的計畫道路，與潮州街斜向交叉，延伸至現在的南昌公園。

　　大概是這條橫向斜切的幹線道路，後來成為潮州街 59 巷，與羅斯福路交會。當初的計畫是規劃五條道路，從交叉處呈放射線狀。不過，計畫因戰後政權交替而中止，僅完成一部分道路，成為「夢幻的五叉路」。從潮州街往和平東路

　東京青山にある「月見ル君ヲ想フ」というライブハウスの台北支店がここ潮州街にあって、日台インディーズ音楽シーンのホットな交流の場となっている。ここはそのライブハウスで開かれた昔の台湾のムード音楽なんかをかけるイベントの帰りに見つけた、夜更けに濡れる Y 字路である。

　1914 年の地図では、潮州街あたりからミミズのように水路がのびていて、これも水路由来の Y 字路だろうか。などと考えながら 1930 年の地図をみると、計画中をあらわす点線の道路が潮州街を斜めに横切って、南は現在の

當初規劃的五條道路，從交叉處呈放射狀。
当初の計画で、5本の道路は放射線状に交差していた

方向前進，會遇到錯綜複雜有如迷宮般的小巷，或許就是因為這個緣故吧。

提到放射狀，就想起在這條 Y 字路附近曾經聳立著「台北刑務所（台北監獄）」。

台北監獄建於 1904 年，建築結構採放射狀的「賓夕法尼亞式」，也就是可以從一個地點監視監獄整體的設計，特別是在這個半圓形的空間中、往五個方向延伸的造型，稱為「五翼放射狀平屋舍房」。在高倉健主演的電影「網走番外地」中出現的「網走監獄」（1912 年），是這種監獄結構中相當知名的建築。

1914 年的地圖與現在地圖疊合
1914 年と現在の地図を重ね合わせたもの

在日本近代監獄建築中留下最大功績的，是辰野金吾的弟子山下啟次郎，辰野金吾是設計東京丸之內車站的知名建築師。至於山下啟次郎的代表作，則包括千葉、奈良、金澤、長崎、鹿兒島的監獄，被稱為「明治五大監獄」，特別是現在還在使用的「奈良少年監獄」，由紅色與白色煉瓦構成的美麗大門，

南昌公園までのびていた。

　おそらくこの潮州街 59 巷がこの斜めに横切る幹線道路になり、羅斯福路と交わって、その交差部から放射線状に 5 本の道路がのびるのが当時の計画だった。しかし、終戦による政府の交代により、一部の道路にその名残を残したまま計画は頓挫、「幻の五叉路」に終わる。潮州街を和平東路の方に 1 歩入ると迷路のように路地が入り組んでいる原因は、そのあたりにあるのかもしれない。

　放射状といって思い出すのが、この Y 字路のすぐ近くにかつて存在した台北刑務所（台北監獄）だ。

　建てられたのは 1904 年、一か所から全体を見渡す「ペンシルバニアシステム」と呼ばれる放射線状の監獄だが、特にこの半円内で 5 方向に伸びたこの形を「五翼放射状平屋舎房」といい、高倉健主演の映画「網走番外地」の網走刑務所が特に有名だ。

　日本に於ける近代的監獄建築という分野で最も大きな業績を残したのは、東京駅丸の内駅舎の設計で有名な辰野金吾の弟子、山下啓次郎である。代表作に千葉、奈良、金沢、長崎、鹿児島の監獄があり「明治の五大監獄」と呼ばれたが、特に現在も使用されている奈良少年刑務所は、赤と白のレンガで構成される辰野式の美しい正門を持っている。

　じつは山下啓次郎は、台北監獄の竣工にも深く関わっており、1899 年の『臺灣日日新報』には、台湾三大監獄（台北・台中・台南）の設計を嘱託された山下が台湾に

1930 年的地圖與現在地圖疊合
1930 年と現在の地図を重ね合わせたもの

反映出辰野風格。

　台北監獄的完成，實際上也與山下啟次郎有著密切關係，在 1899 年的《台灣日日新報》中記載，受委託設計台灣三大監獄（台北、台中、台南）的山下來台出差，受到熱烈的招待。

　的確，如果比較 1945 年美軍航空攝影照片，山下所設計的監獄中，尤其是鹿兒島監獄，與台北監獄有如兄弟般地相像，非常有趣。不過，比較特別的是，台北監獄的外牆使用了當時台北城門拆除後的城牆石。

　日治時期，除了犯罪者之外，這裡也曾監禁過蔣渭水等台灣民族運動的領導者，以及太平洋戰爭中的美軍俘虜，戰後則監禁了中華民國政府的「反對者」。在山下啟次郎所設計的監獄中，台北監獄可說是擁有最坎坷命運吧。

　台北監獄的牆壁，承載著因冤罪而犧牲生命的人們的悲痛之情，現在無言地殘存於金山南路二段 44 巷。

　山下啟次郎是日本知名爵士音樂鋼琴家山下洋輔的祖父。走筆至此，腦中突然閃過一個念頭，那就是在文章開頭所提到的「月見ル君ヲ想フ」舉辦一個活動，一邊放著山下洋輔的唱片，一邊回想台北監獄，不知讀者覺得如何？

　而這個活動的名稱當然是「台北・監獄・搖滾」(Taipei・Jailhouse・Rock)。

出張にきて総督官邸で手厚くもてなされた記事が残っている。

　たしかに 1945 年のアメリカ軍による航空写真と見比べてみれば、山下の設計した監獄の中でも特に鹿児島監獄のデザインが台北監獄と兄弟のように似ていて興味深いが、特殊なのは台北監獄の外壁には、当時取り壊された台北府城の城壁がそのまま流用されたという点だ。

　日本時代は犯罪者のほか蔣渭水ら台湾民族運動の指導者達も収容され、太平洋戦争中はアメリカ軍の捕虜が、戦後は中華民国政府の造反者が入れられた台北監獄は、山下啓次郎の手掛けた刑務所の中で最も数奇な運命を辿ったといえるだろう。

　現在は、罪なき罪のもとに命を絶たれた人々の悲痛な声を吸い込んだ壁だけが、無言のまま金山南路二段44巷に佇む。

　余談だが、山下啓次郎は有名な日本のジャズピアニスト、山下洋輔の祖父にあたる。

　こう書いてきてイベントをひとつ思いついた。冒頭に書いたライブハウス「月見ル君ヲ想フ」で山下洋輔のレコードをかけながら台北監獄を偲ぶイベントとか、どうだろうか。

　イベントの名前は勿論「台北監獄ロック（Taipei・Jailhouse・Rock）」だ。

1945 年的航照圖中的台北監獄
1945 年の航空写真のなかの台北監獄

台北市溫州街 45 巷

　　這天路過正在上演著布袋戲的「Y字路」。

　　鄰近的「大學公園」旁的土地公廟，為了祈求平安度
過「鬼月」，歷年此時都會於廟前舉行中元普渡。

　　戰前，有許多台北帝國大學的教職員住在這一帶。戰
爭結束後，日本人遣返，他們所居住的日式房舍被國民政
府接收，因此，有許多戰後移民來台的人居住於此地。

　　但是，靠近溫州街「大學公園」一帶，卻有
個「台灣人村」，住的都是本省人，居民皆
為陳姓同宗。後來隨著辛亥路的開通，「台
灣人村」被硬生生從中分為南北兩個聚落，
居民也漸漸搬遷他地、各散東西。原本，
「大學公園」旁的「白靈公」，是祭祀
陳氏祖先的宗祠，現在雖然成為祭祀土
地公的祠堂，但是每年到此時期，陳家

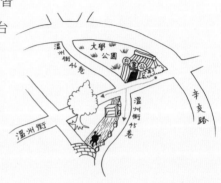

　これは布袋戯（ポテヒ）のあるきょうの Y 字路です。

　これから 1 ヶ月続く「鬼月」を無事に終えることが出
来るよう、いつもこの時期になると近所の大学公園の氏
神さま「白霊公」のところで祭礼があります。

　戦争が終わって日本人が去り、住んでいた日式木造家
屋は政府に接収されたので、台北帝国大学関係の日本人
が多く住んでいたこの辺りは、戦後に移民してきた人々
が多く住むエリアとなりました。

　しかし一部、温州街の大学公園がある辺りに、戦前か

的後代都會聚集此地，與當地人士共同舉行中元普渡。台
灣的中元普渡相當於日本的盂蘭盆節。

　　清朝乾隆皇帝時期，大安區一帶稱為「大灣」，多濕
地平原，由從福建泉州府安溪渡海來台的移民們開墾。

　　當年開墾移民中的陳氏一族，家業日漸興隆。積累財
富後，擇地於今日台北自來水事業處後方、芳蘭路與基隆
路一帶，蓋了一座傳統三合院式建築，取名「義芳居」，
作為陳氏家宅（現已登記為古蹟）。其後，陳氏子孫散居
大安區內，前文提到位於溫州街的「台灣人村」，即為其
後裔。

　　陳氏一族的祖墳，最初是在西門町，後來因日治時期
的都市計畫，被迫輾轉遷移至今日華西街、華江橋等地，

ら台湾に住んで居た本省人とよばれる人々が住む
場所があり、「台湾人村」と呼ばれていたそうで
す。人々の姓を陳といい、「台湾人村」の中心に
辛亥路が開通すると共に散り散りになりました。

　本来、大学公園にある白霊公は陳一族の祖先を
祀る廟だったそうです。現在はこの地域の氏神さ
まとして祀られていますが、この時期には陳家の
末裔も集まってきて、地元の人々と共に祭りを行
います。

　日本でいうお盆です。

　時は古く、ここ大安区が「大湾」と呼ばれてい
た清・乾隆帝の時代。

　中国福建省安渓県から海をわたってきた移民
の人々によって、この湿地帯は開拓されました。

　大安区の開拓民の中で財を興した家の一つ、陳
氏は、現在の台北自来水（上水道施設）裏側の芳
蘭路×基隆路あたりに、当時の伝統的な中国式建
築である三合院の住居を建て、「義芳居」と名づ
けました（現在は古蹟）。

　その子孫たちが大安区内に散って居を成した、
そのうちのひとつが、現在の温州街にあった陳家
の「台湾人村」であったようです。

　陳一族のお墓は、始めは西門町一帯にあった
ものの、日本人の都市計画により西門の地を追わ

最後安遷於今日辛亥路三段台北市立第二殯儀館旁
的「萬善堂」（地藏王廟），才終於找到安頓之處。

　　這間「萬善堂」所在鄰里的里長，也是陳氏後
代，每日負責堂內灑掃，燒香敬茶。陳里長說，有
一天他忘了敬茶，準備離去時，身後竟傳來一句「茶
呢？」從此以後，陳里長再也不敢忘記每天敬茶。

　　傳統的廟宇，在舉辦祭典時，多半會邀請以小貨
車改裝的移動式劇團。以往會找數人登台演出的「歌
仔戲」來表演，陣容豪華；近年來慢慢轉變為召請
移動式單人「布袋戲」劇團來表演（聲音為預先錄
好的音樂口白）。

　　但是，在這個傳統風俗日漸簡約、乃至省略的
今天，召請布袋戲來演出的地方，還算是比較遵循
習俗的。時下的日本，又何嘗不是如此呢？

れ、華西街→華江橋と次々にやむなく場所をかえます。
そして終に、いま台北市の公共葬儀場（第二殯館）があ
る辛亥路三段の脇に萬善堂（地蔵王廟）を建て、ようや
く安住の地を見つけました。

　その地域の町内会長である陳氏の子孫が毎日焼香を
し、お茶を奉じて世話をしていますが、とある日、いつ
ものお茶を忘れて立ち去ろうとしたところで、背後から
「お茶はどうした？」という声がしました。それ以来、
毎日お茶を絶対に欠かさないようになったということで
す。

　伝統のある廟（寺）の祭礼には、大体、移動トラック
式の劇団が呼ばれます。

　かつては何人も登場するような豪華な歌仔戯（台湾オ
ペラ）が呼ばれたものですが、近年はひとりの出張で出
来る布袋戯（人形劇）に変わりつつあるようです（声は
録音）。

　人形劇が呼ばれるだけでもまだ良い方で、台北のいろ
んな場所で行われているこういった伝統的な風習は、だ
んだんと簡素化がすすんでいます（日本でもおなじです
ね）。

台北市市民大道

×

渭水路

這是位在光華商場前的 Y 字路。

在我家附近有間舊書店——「茉莉二手書店」，店裡書種齊全，商品循環良好，只要進去逛逛，通常可以找到一本想買的書；這裡也販售一些日文書。「茉莉二手書店」的前身，是曾經在光華商場營業的舊書店。

光華商場改建後，現在給人一種「御宅族聖地」的印象，以販售動漫與電腦相關產品為主。不過，就如同以前的秋葉原般，這裡也曾經遍佈音響店與舊書店，培育了引領現今台灣文化的人才。

在 1952 年的地圖中，可以看到沿著市民大道的鐵道仍在地面上伸展。從這張 Y 字路的照片來看，以前的鐵路，是從販賣安全帽的商店往觀者方向筆直延伸。鐵路旁的水路（日治時代的堀川），後來被填平，開拓成新生北

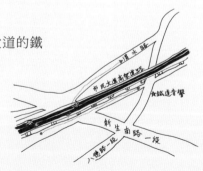

光華商場前の Y 字路。

　家の近所にある「茉莉二手書店」という古本屋さんは
品揃えも商品入れ替えサイクルも良いお店で、行けば少
なくとも 1 冊は欲しい本が見つかる。日本語の本も多少
ある。そんな茉莉二手書店の前身は、かつてこの光華商
場にあった古本屋さんらしい。

　建て替えを経て、今ではアニメやパソコン関係のいわ
ゆる「オタクの聖地」的なイメージがある光華商場だけ
れど、むかしの秋葉原がそうだったように、かつてはオ

路快速道路。

　　鐵道、水路與幹道，可說是產生 Y 字路的三大要素，所以在這附近繞繞，總會遇到許多 Y 字路。

　　往 Y 字路右側的道路（市民大道）稍微前行，就會遇見與八德路交會的 Y 字路，路旁有間音響店，店名為「鐵道音響」。這間店創始於 1988 年，當時，店門前還有鐵道經過，因而取了這個名字。開店當時專門經手音響器材，現在則大部分販賣 DVD 與 CD 之類的商品，僅在店舖後方擺設了幾台音響器材。

　　進入店中瀏覽架上商品時，耳中傳來熟悉的旋律，那是電影「無間道」的主題曲——蔡琴演唱的「被遺忘的時光」（The Forgotten Time）。在這部電影中，出身黑道、但潛伏在警界的劉德華，與潛伏在黑道的臥底警察梁朝偉，彼此不知道對方的真實身分，背對背坐在音響店中聆聽著這首曲子。

　　電影中，梁朝偉因希望早日回歸警察身分而深感苦惱，知道他真實身分的僅有上司黃秋生，然而，隨著上司的死亡，梁朝偉作為警察的身分也隨之消失。「只要記得自己的人不在世上，就等於自己也不存在」，這個令人毛骨悚然的真理，在電影中赤裸裸地揭露出來。那麼，台北人想

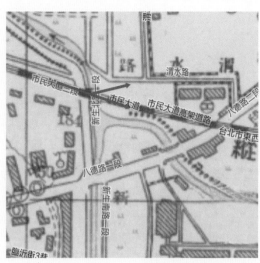

1952 年的地圖與現在地
圖疊合
1952 年と現在の地図を
重ね合わせたもの

ーディオ屋や古本屋がひしめき、いまの台湾カルチャーを牽引する人を育てた。

1952 年の地図では、市民大道に沿ってまだ鉄道が地上を走っている。Y 字路の写真で言えば、正面のヘルメットを売るお店からこちらへ向ってまっすぐに鉄道が伸びていたことになる。鉄路の傍を走っていた疎水（日本時代の堀川）は後に埋め立てられ、そこに新生北路の高速道路が開通した。鉄道、水路、幹線は、Y 字路発生のための三大要素といえる。だから、この周辺をあるけば沢山の Y 字路に行きあたる訳だ。

右の道路（市民大道）をしばらく行くと、八徳路と交わる Y 字路が登場するのだが、その傍に 1 軒のオーディオ店を見つけた。

名前を「鐵道音響」という。

1988 年の開店だが、その頃、店の前をまだ鉄道が走っていた事から名付けられた。開店当初はオーディオ機器専門だったが、今は店の大部分を DVD や CD といったソフト類が占拠し、オーディオ機器は店の奥の方に申し訳程度にならんでいる。

要留給下一世代什麼樣的記憶呢？

　　光華商場附近的音響店，包括這間「鐵道音響」，僅剩下數間仍在營業。然而，曾經在市民大道上綿延的鐵道，就如同「Forgotten Time」般，被遺忘在過往的時光中，僅在這間店名中留下些許身影。

　店に入って棚を眺めながら歩いていると、聴き慣れた曲が流れ始めた。映画「インファナル・アフェア」の主題歌で、蔡琴の「被遺忘的時光 The Forgotten Time」だった。警察へスパイに入り込んだマフィア出身のラウ（アンディ・ラウ／劉徳華）と、マフィア組織に潜伏する警察官のヤン（トニー・レオン／梁朝偉）がお互いの正体をしらずにオーディオ店で背中合わせに聴いた曲だ。

　一日もはやく警察に戻りたいと苦悩するヤンだったが、すべてを把握していた上官のウォン警視（アンソニー・ウォン／黄秋生）が死ぬと同時に警察官としてのヤンも消えてしまった。憶えている人が居なくなってしまえば、それは存在しなかったのと同じである、というゾッとするような真理を、映画は容赦なく浮き彫りにする。だとすれば、台北人が次の世代に伝えていけるのは、どんな記憶だろうか？

　光華商場付近のオーディオ店も、今はこの鐵道音響を含めて数軒のみとなったが、かつて市民大道を鉄道が走った Forgotten Time は、この店の名前にわずかながらも留められている。

台北市八德路二段
×
長安東路二段

　　這條Y字路，緊鄰著深受日本人孕婦與母親喜愛的「台安醫院」（不知什麼緣故，這裡有會說日語的醫師）。

　　Y字路的左側是八德路，穿過建國高架與新生高架，一直延伸至華山文創產業園區，與忠孝東路交會。右側是長安東路，以中山北路為交界變成長安西路，最後延伸至淡水河畔，是一條很長很長的道路。

　　根據 1952 年的地圖，長安東路原本只延伸到復興北路，後來延長至八德路，呈銳角交叉，因而出現了Y字路。

　　這裡原本稱為「中崙庄」，現在屬於「中崙里」。「崙」的意思是小山丘，現在八德路之所以彎彎曲曲，說不定就是因為道路原本沿著丘陵的坡腳開闢所致。

　　在此Y字路的前端，有一顆沉甸甸

　日本語が出来るお医者さんがいて、日本人の妊婦さん
やお母さんがた御用達の「台安医院」から、すぐそばの
Y字路。

　左にいけば八徳路で、建国高架をくぐり新生高架をく
ぐって華山文創産業園区までのびてすぐ、忠孝東路と交
わる。右にいけば中山北路を境に長安西路に変わり、さ
いご淡水河で行きどまるまで、長く長くのびる長安東路
である。

　そんな長安東路も、1952 年の地図を見てみると、元々
は復興北路までしかなかった。後にそれが延長されて八

192

的石頭。雖然我原本期待這是具有驅邪功能的「石敢當」
（發祥自福建的石敢當，也經常出現在沖繩與奄美大島，
通常放置於三岔路或橋的兩端），但是仔細觀察，卻找不
到任何的文字。台灣有不少人的祖先從福建移民過來，因
此我一直期待有天可以在 Y 字路旁看見石敢當，然而卻始
終沒有發現，或許是台北沒有吧？

　　代替「石敢當」的是，寫著「歡迎光臨　松山區中正
里」的石頭。

　　「中崙里」的範圍，到這顆石頭為止，再往前就變成
「中正里」。以石頭作為交界，令人聯想起日本神話《古
事記》中所描寫的，連結著「彼世（黃泉之國）」與「現世」
的「黃泉比良坂」的界線──千引之岩（**譯註：
黃泉比良坂是日本神話中，現世與黃泉之間的邊境地帶。
而千引之岩乃是以千人之力才能移動的大石頭，在日本
神話中，伊耶那岐為尋找妻子伊奘冉尊來到黃泉，因見
到妻子可怕的樣貌，而從黃泉之國逃回現世，但被黃泉
醜女與妻子伊奘冉尊追趕，因此以千引之岩將黃泉平坂
堵住，並說出「絕妻之誓」，從此陰陽兩隔**）

　　石敢當也好、千引之岩也好，一顆石頭
就能讓想像力的羽翼不斷地延伸。石頭，真
是一種不可思議的存在啊！

徳路と鋭角に交わる。ここはそんな成り立ちのY字路
である。

　かつての呼び名を「中崙荘」、現在は「中崙里」と
いう地区だ。「崙」という字はそもそも小高い丘を指
しているそうで、八徳路がなだらかに歪んでいるのも、
もしかしたら丘陵のふもとに沿って道がひらかれたこ
とに由来するのかもしれない。

1952 年的地圖與現在地圖疊合
1952 年と現在の地図を重ね合
わせたもの

　このY字路の先端にもどっかりと石があった。魔除
けの石敢当（沖縄や奄美大島に多く見られる、福建発
祥の魔除けの石で、三叉路や橋のふもとに置かれる）
かと期待したけれど、仔細に見ても表記を見つけるこ
とは出来なかった。台湾には福建をルーツに持つ人が
多い。そんな訳で、Y字路をめぐるうちに石敢当にい
つか出あえることを期待しているのだが、なかなか機
会はめぐってこない。台北には無いのだろうか？

　その代わり、石の上には「歓迎光臨　松山區中正里」
と書かれている。

　この石までが中崙里、これから先に進めば中正里で
ある。石が境界となっているといえば、日本神話「古
事記」の中で描かれたあの世（黄泉の国）と現世をつ
なぐ「よもつひらさか（黄泉比良坂）」の境界、千引
の岩を思わせ想像をかき立てられる。

　石敢当といい千引の岩といい、ひとつの石から想像
の翼はにょきにょきと生える。石って不思議な存在だ。

台北市富錦街

×

富錦街 77 巷 2 弄

　　這是在松山機場附近，民生社區富錦街遇到的Y字路。

　　這個地區，曾經是許多電影與連續劇的場景，並且，除了點燃鳳梨酥熱潮的人氣商店「微熱山丘」、以及台灣的精品店「Fujin tree」之外，日本的 BEAMS 與 UNITED ARROWS 等大型精品店也入駐此區。同時，這裡也是許多藝人與政治人物居住的地區，因而十分知名。

　　在我喜愛的音樂家當中，有位名為「蛋堡（Softlipa）」的饒舌歌手，他在嘻哈音樂中，搭配中文與台語的饒舌段落，有些文學性，個性十足。蛋堡所屬的唱片公司「顏社（kao!）」與顏社經營的嘻哈風咖啡館，也位於富錦街。第一次造訪此地時，整個街道的氣氛，讓我有如經歷時空扭轉，像是突然來到了美國西海岸般；而之所以會讓我有這樣的感覺，其實也是

　松山空港ちかくの、民生社区富錦街で出会った Y 字路。

　数多くの映画やドラマの舞台となっているこのエリア
には、パイナップルケーキブームを引き起こした人気店
「微熱山丘」や台湾発セレクトショップ「Fujin tree」の
ほか、日本からはセレクトショップ大手のビームスやユ
ナイテッドアローズも進出し、多くの芸能人や政治家が
住まう場所としても名高い。

　筆者の好きな台湾のミュージシャンに蛋堡 (Softlipa) と
いうラッパーがいて、センスのいいヒップホップにのせ
る少々文学的な北京語や台湾語のラップが大変クールな
のだが、その蛋堡が所属するレーベル顔社 (kao!) と顔社
が経営するヒップホップカフェも富錦街にある。初めて
行った時は街の雰囲気も手伝って、何だかアメリカ西海

有原因的。民生社區最初是在美國要求蔣介石夫人宋美齡協助規劃下所形成，也是台灣最早的「美式示範社區」；此處配置有地下電線，還有綠蔭濃密的行道樹、寬廣的柏油路、一戶三十坪以上的住宅，並在每個街區中設置公園、學校、醫院、停車場等，是標準的美式住宅區。

此外，由於位在松山機場附近，為了飛機起降安全，對建築物設有限制，因此，即使望向行道樹另一端的天空，也不會被建築物遮蔽。

如果查閱 1895 年的地圖，可知這一帶當時稱為「下東勢庄」，由兩條溪流包圍。後來，左側的溪流成為從現在慶城街往敦化北路方向流的支流，在民族東路旁的敦化苗圃公園中，仍保留有此水道的部分痕跡。右側的溪流，後來成為「第一幹線 西支線」的水道，於 1991 年加蓋、變成馬路。

日治時期，這一帶曾經遍佈田園風景，不過，當時一望無際的天空，直到如今也沒有什麼改變。

1895 年的地圖與現在地圖疊合
1895 年と現在の地図を重ね合わせたもの

岸にでもワープしてきたような気分に陥ったのだが、それもそのはず、ここ民生社区は蔣介石夫人・宋美齢氏の協力要請に米国が応えて作られた、台湾で最初の「アメリカ式モデルコミュニティ」（「美式示範社區」）で、地下電線、豊かな街路樹と広く舗装された道路、一戸30坪以上の家々、各ブロックに設けられた公園、学校、病院、駐車場を具えた「アメリカ標準」の住宅地である。

　また松山空港がちかいため、飛行機離着陸の安全のために建築物にも制限が設けられており、見上げた街路樹の向うに見える空を遮るものはない。

　1895年の地図をみると、二つの渓流に囲まれていたこのあたりは、当時「下東勢庄」と呼ばれていた。後に地図左側の渓流は慶城街→敦化北路へと流れる渓流支線となったが、現在は民族東路沿いの敦化苗圃公園に一部、その流れの痕跡が残されている。また右側の流れは、「第一幹線　西支線」と呼ばれる水路となった後、1991年に廃止された。

　日本時代には田園が広がっていた土地だが、そのうえにひろがる空は、今も変わることがない。

三峽清水街 ╳ 秀川街

走到三峽由清水街與秀川街構成的 Y 字路口，眼前聳立的是一棟側面描繪著五顏六色塗鴉（或者應該稱為街頭藝術吧！）的兩層樓建築，說實在的，我無法瞭解那到底想畫什麼？Y 字路前方，有隻正在激烈滾動的黑狗，可能是背上太癢了吧！真可憐。而當我將目光從黑狗身上移向左方，則見到搖曳生姿的柳樹，柳樹旁有一條大河，襯托著寬闊的天空。

三峽，日治時代以前稱為「三角湧」，如地名所示，這裡是三條河川匯集、水源豐沛的地方。由於適合栽種藍染原料「馬藍」，而且有充足的清水、以供洗滌剛染好的布，加上水運方便，因此這裡曾經是台灣藍染的中心，繁榮一時。完成的藍染布，除了銷售到鄰近的城鎮，如苗栗、新竹等客家村，也經由船運順

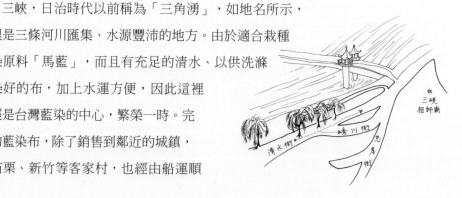

　カラフルな落書き（ストリートアートと呼ぶべきか？）
が施されているが一階部分で何を描きたかったのか全く
意図不明のY字路の前で、黒い犬が猛烈にゴロンゴロン
している。背中が痒くて仕方ないんだろう、気の毒に。
黒い犬から目を左に移動すると、柳の揺れる向こうにお
おきな川と広い空が広がっている。

　台北郊外にある三峽は、日本時代以前に「三角湧」と
呼ばれたとおり、3つの川に囲まれた水の豊かな土地で
ある。藍染めの原料となる馬藍（マーラン）の生育に適

流而下，經過萬華（舊稱艋舺）的港口，運往遠方的廈門與上海。後來由於被化學染料取代，三峽的藍染產業在 1900 年到達頂峰之後便逐漸衰退。但是近年來，當地人士已開始致力於復興藍染這項文化遺產。

除了藍染之外，被讚譽為台灣版「聖家堂（聖家宗座聖殿暨贖罪殿）」的「祖師廟」，乃是由當地出身的藝術家李梅樹監造，廟中擁有十分具代表性的雕刻作品。此外，當地的茶產業也相當蓬勃，可見三峽一地擁有豐富的創造力。

近年來，更有出版《CAN~ 甘樂誌》（專門介紹台灣地方故事以及文化等的獨立發行雜誌）的「甘樂文創」在當地經營，還有漸次開設的美術工藝專門藝廊等，都令人感受到此地將擔負起傳承台灣文化重責的氣息。三峽可說是每次造訪都讓人期待會有新發現的地方。

從文章一開頭那個充滿五顏六色的 Y 字路口往前進，最後又結束於另一個 Y 字路。路口的這間「活力の屋」，因為當日店休，所以無法得知是什麼樣的店舖。雖然拉下的鐵門讓人完全無法感受到什麼活力，但我猜想大概是早餐店、還是飲料店吧？

し、染め上がった布をあらう清水に恵まれ、かつ水運の
便が良かったこともあり、かつては台湾藍染めの中心地
として栄えた。完成した藍染めの布は、一方は近隣の苗
栗、新竹の客家の村へ、また一方は船に積まれて川をく
だり台北萬華の港を経てとおく厦門や上海へとはこばれ
たという。その後、化学染料に駆逐され 1900 年をピーク
に衰退してしまった三峡の藍染め産業だが、近年は地元
の人々が文化遺産としての復興に力を注いでいる。

　藍染めの他にも、地元出身の芸術家、李梅樹が監督し
台湾版「サグラダ・ファミリア」との呼び声も高い祖師
廟に代表される彫刻や茶文化など、多様なクリエイティ
ブの素地をもつ三峡。それを証拠に、台湾ローカルの物
語や文化に特化したリトルプレス雑誌『CAN~ 甘樂誌』
を出版する「甘樂文創」をはじめ、美術工芸専門のギャ
ラリーが次々とオープンするなど、これからの台湾文化
を担う息吹が感じられる三峡は、訪れるたびに新たな発
見があって楽しみな場所だ。

　最初の写真のカラフルな Y 字路をすすむと、また Y 字
路になって終わっていた。閉まっていて何屋なのかわか
らない「活力の屋」。いかにも活力が出なさそうな佇ま
いだが、朝ごはん屋だろうか、それともドリンクスタン
ドだろうか。

新莊永寧街 37 巷

×

中華路一段 63 巷

有套房出租的 Ｙ 字路

Ｙ字路の部屋貸します

「套房出租」。

　　沒有比這個更能彰顯「房東主張」的Ｙ字路了。但是，如此強調這點，令人不禁感到擔心：「這裡真的這麼難租出去嗎？」但是反過來想，又令人湧現不安的情緒並產生疑慮：「這裡的房間到底是什麼狀況，才會這麼難找到房客啊？」假如我要找房子，看到這個Ｙ字路上的廣告，恐怕猶豫到最後，還是會決定：「就算了吧！」

　　這棟位於Ｙ字路口、掛有「套房出租」的建築相當狹長，令人好奇到底內部的隔間與格局為何？順道一提，建築物後方的牆壁（照片右方）沒有陽台，甚至也沒有透光的窗戶，室內應該十分陰暗，令人感到有些介意。

　　這裡是位於台北郊外的新莊。

　　從萬華渡過淡水河就是三重，再從這裡沿

　「お部屋貸します」

　大家の主張がこれ以上ないほどに表
された Y 字路。ここまで言われると「そ
んなに借り手がないのだろうか？」と心
配になり、逆に「それほど借り手が居つ
かない様な部屋なのでは」といぶかしく
おもう気持ちも沸き起こってきて、たと
えばもし、わたしが部屋を探していたと
しても「ここはやめておこうかな」という所に落ち着い
てしまいそうだ。

　かなり薄手の建築なので、物件の間取りがどうなって
いるかは非常に興味ぶかい。ちなみに建物後方にあたる
右手の壁には、ベランダも、明り取りの窓さえも全くな
いところも気になる（だから中はかなり暗いのではない
か）。

　ここは台北郊外にある新荘。

　萬華から淡水河を渡ると三重区、そこから大漢渓に沿
って西に向かうと新荘区に入る。18世紀以前は平埔族（へ
いほ・ぞく。台湾の平地に暮らした原住民で、高地に住
んだ高砂族と区別して使われた名称）の中でも特にケタ
ガラン族が暮らしていた地域で武勝灣社 (Pulauan) という
集落があったが、清代以降は多くの漢人が流入して結婚

著大漢溪往西走，就進入新莊。18 世紀以前，這裡主要是平埔族，尤其是凱達格蘭族居住的地區，部落名為武勝灣社（Pulauan）；清代以後，有許多漢人移居此地，彼此通婚後，隨著漢化加深，部落因而消失。

「新莊」乃是「新興的街莊」的意思，此處鄰近河川，因水運而繁榮，曾經有詩讚道：「千帆林立新莊港，市肆聚千家燈火。」自漢人開墾以來，這裡也是北台灣最早開發的地區之一。後來，水運雖然被對岸的艋舺取代，但是清代後期曾有鐵道經過並在此設站，名為「海山口」，是鐵路交通的重要據點。與淡水河接續的大漢溪，原名「大姑陷溪」，是源自於泰雅族語中「大水」的意思；河如其名，這條河川經常氾濫。日治時期縱貫鐵路改道以後，新莊鐵路要道的地位轉讓給板橋，原本鐵道經過之處，現在為主要幹道「台 1 甲線」，後來周邊幾個區域整合成一個大工業區。

原名「大姑陷」的大漢溪，對於研究日本近代史的人而言，是耳熟能詳的詞彙，因為此地在清廷將台灣割讓予日本的 1895 年左右，是曾經遭遇住民激烈抵抗的戰場。

在《征台始末》（1897 年／明治 30 年出版）這本書中，詳細記載了當初日本軍隊征服台灣的經過，其中第九章「大姑陷的攻擊」，描述往新莊前進的日本軍隊，被埋伏在山中的住民三方圍擊，三十名負傷，剩下數名潛入大姑陷溪中試圖撤退，但仍受到追擊，最後僅一人逃出生天，留下

などで漢化が進み、消滅した。

　「新荘」とは「新興の荘街」という意味で、川沿いという土地の利で水運が栄え、かつては「千帆林立新莊港，市肆聚千家燈火」（千隻の船が新荘港に立ち並び、千の家の灯りがともる）と讃えられたほど、漢人の開墾いらい北台湾でもっとも早く開発された地域の一つだった。その後、水運の発展は対岸の艋舺へ取って代わられるが、清代後期からは鉄道も走り「海山口」という名の駅および停車場が置かれて鉄道交通の要所となった。淡水川に続く大漢渓は元の名を大姑陥河（ター・コー・ハン・ホー）といい、タイヤル族の大水をあらわす言葉に由来するが、その名の通り、たび重なる川の氾濫のため日本時代以降は鉄道要所の座を板橋に譲ることとなり、線路跡はそのまま現在の主要幹線道路である臺一甲線の一部となったのち、周辺のいくつかの地域とともに一大工業地区となっていく。

　この「大姑陥」という大漢渓の元の名、日本の近代史を勉強する人のなかでは知られた単語のようで、というのも、清から台湾を割譲された日本が台湾に来た1895年ごろ、特に住民の激しい抵抗に遭い苦戦を強いられた場所だからだ。

　日本時代当初の日本軍による台湾制圧の様子を細かく記録した書「征台顛末」（1897年／明治30年出版）の中の「第九章　大姑陥の攻撃」という章では、新荘に向った日本部隊が三方の山を背にした住民たちから襲撃を受

部隊告急的記錄。

　　如同「海山口」的名稱所示，新莊後方的群山連接觀音山，形成面水背山的地形。搭乘捷運新莊線時，看著「菜寮」、「頭前庄」等源自台語的站名，令人聯想起這一帶曾經遍佈悠閒的田園風景，但是下車走出地面時，卻已然看不見一絲往昔的樣貌。

　　即使如此，在這條Y字路中，仍留下一點痕跡。

　　若將這一帶的地圖與「1895年台北附近地形圖」疊合，會發現當時的道路與Y字路左側道路（中華路一段63巷）重疊，可知這條小路是比穿越新莊中心地帶的中華路更為古老的道路，在新莊尚有鐵路經過時就已存在，當時道路兩側應該是整片的柑橘園或甘蔗田吧。站在小路上往觀音山眺望，應可看見綿延的茶園，其中或許還有幾股燃燒薪柴所發出的煙，正裊裊上升呢。

1895年的地圖與現在地圖疊合
1895年と現在の地図を重ね合わせたもの

日治時期的鳥瞰圖
日治時期の鳥目俯瞰図

けて 30 名もの負傷兵を出し、のこった数人の日本
兵が大姑陷河の流れに潜みながら撤退するも、追
撃を受けて結局ひとりだけがようやく龍譚まで命
からがら逃げおおせ、部隊の危急を告げたという
記録が残っている。

　かつての「海山口」の名の通り、水に面し後方
を観音山に連なる山に守られた新荘。いまの MRT
新荘線に乗って「菜寮」「頭前荘」などの台湾語
に由来する駅の名前を眺めていると、かつてその
あたりに広がっていたのどかな田園風景が思い起
こされるが、地下鉄を下りて地上に出れば面影は
すでにない。

　それでも Y 字路に、微かにのこる痕跡がある。

　冒頭の大胆な「出租」Y 字路のいまの地図と
「1895 年台北付近地形図」を重ねてみると、当時
の道路と Y 字路左側の道路（中華路一段 63 巷）が
重なった。このちいさな通りが、新荘の中心を走
る中華路よりもっと古く、新荘に鉄道が走った時
代からこのあたりにあったのだ。両脇に広がって
いたのはミカン畑だろうか、それともサトウキビ
畑だろうか。観音山を望めば茶畑が広がり、そこ
には木を焼いて木炭をつくる煙が、幾筋もたちの
ぼっていただろうか。

板橋東門街

×

府中路

　　捷運板南線穿越台北市中心，會經過忠孝復興、市政府等站。

　　從台北車站搭乘往龍山寺方向的板南線，經過幾站，不到十五分鐘便抵達「板橋」，交通十分便捷；不過，以前我對此地的了解，僅止於有名的「林家花園」。

　　擁有「林家花園」的板橋林家，曾經與台中霧峰林家並稱「一天下，兩林家」，但是林家早在台北府城之前，就在板橋築城一事，似乎不太為人所知。這座城名為「枋橋城」。

　　「枋橋」的名稱，源自於 17 世紀漢人移入此地後，為了便利運輸，在這附近搭起木板橋樑，日治時期改名「板橋」。不過，橋樑之下、名為「公館溝」的溝渠，目前已被填平而消失。「枋橋城」建於 1855 年，

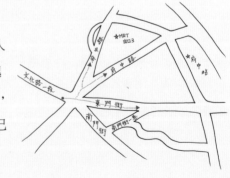

府中路 × 東門街的 Y 字路
府中路 × 東門街の Y 字路

　忠孝復興駅、市政府駅など、台北の中心を走る MRT 板南線。

　その板南線を台北駅から龍山寺駅方面に何駅か乗れば15分もしないうちに到着する板橋はアクセスのいい場所だが、その割に知っていたことと言えば、かの有名な林家花園があるということぐらいだった。

　台中の霧峰林家と並んで「天下にふたつの林家あり（一天下，兩林家）」と称された林家花園の板橋林家だが、この林家によって台北府城よりも早く板橋に城が存在したことは、あまり知られていないようだ。城の名前を「枋橋城」という。

210

當時由於漳州人與泉州人之間的械鬥越發激烈，祖先來自漳州的板橋林家感受到威脅，於是在其土地周遭圍起城牆，以防衛自身安全。城壁高達五公尺，設有東、南、西、北、小東門五座城門。照片中的

府中路 × 府中路的Y字路
府中路 × 府中路のY字路

Y字路位置，相當於枋橋城的「東門」入口。1903年，應當時政府要求而將城牆拆除。

對照描繪當時「枋橋城」樣貌的俯瞰圖，府中路 × 府中路的Y字路，當時同樣也是三角公園；而前頁照片中的府中路 × 東門街的Y字路（正中央是經營旅館的複合式大樓）的右側道路，在當時為公館溝流經之處。

有趣的是，從這座東門往台北市內延伸的道路，會聯繫到台北府城的「小南門」。這座「小南門」，是漳州出身的板橋林家，為了避開敵對勢力泉州人聚居的「艋舺」，而出資修築的城門，可以直接經由此門進入台北城內。由此可以想見板橋林家財勢之雄厚。

　　枋橋という名は、17 世紀の漢人の流入以降この付近の
輸送に際して木板の橋がかけられた事に由来するが、日本
時代に「板橋」と改められた。橋が掛かっていた「公館溝」
という疎水も埋め立てられて今はない。城が建てられたの
は 1855 年、当時激しかった中国福建出身の漳州人と泉州
人との争いに身の危険を感じた板橋林家（始祖は漳州人）
が、敷地のまわりに城門を廻らせて防衛を講じたことに始
まる。城壁の高さは 5 メートルほどで、東・南・西・北・
小東門と 5 つの門があった。この 2 つの Y 字路はその「東
門」の入り口にあたり、1903 年、ときの政府の求めにより
城壁は撤去された。

　　当時の枋橋城の様子を描いた俯瞰図を見ると、府中路×
府中路の Y 字路は当時から同じく三角公園だが、府中路×
東門街の Y 字路（p.209 参照、真ん中はホテルの入ったビ
ル）の右側の道路に当時は「公館溝」が流れていたことが

1898 年地圖中的枋橋城
1898 年地図のなかの枋橋城

描繪當時「枋橋城」樣貌的俯瞰圖（枋橋文化協會描繪製作）
当時の枋橋城の様子を描いた俯瞰図（枋橋文化協会制作）

　　在這之後的 1919 年，當時的林家族長林熊徵創設了
「華南銀行」。

　　後來，林熊徵與日本夫人高賀千智子所生的兒子林明
成，繼承了華南銀行的董事長位置，他在 2008 年富比士富
豪排行榜當中，是台灣排名第二十名的富豪。

　　另外，可稱之為台灣版「白洲次郎」的外交官張超英，
因其家族與林熊徵有深交，幼年時曾在林熊徵過世前一日，
與他一起吃「切仔麵」。當時，林熊徵是台灣首富，這樣
的大富豪在死前所吃的，也不過是台灣最便宜的切仔麵，
加上他去世後，許多財產被不相關的人們所奪取，對於此
事，張超英有著如下的感觸：

　　林熊徵之死對我的金錢觀有很深的影響。我開始隱約
感覺擁有很多錢財的虛無，覺得知道怎麼花錢才能過有意
義的人生。（宮前町九十番地／張超英口述／陳柔縉／時報出版）

わかる。

　この東門から台北市内の方に道が伸びており、その先が台北府城の「小南門」へと繋がっていたことにも注目したい。なんとあの「小南門」、漳州人系の板橋林家と敵対する泉州人系の勢力が強い「艋舺」を避けて、直接、台北城内へ入れるようにと、板橋林家みずから資金をだして出来た門なのである。台北府城に門まで作らせたほどの、板橋林家の財力と権力のほどが伺える。

　その後、1919 年には当時の家長であった林熊徴によって「華南銀行」が創設される。

　現在は林熊徴と高賀千智子夫人（日本人）との子である林明成が華南銀行董事長を引き継ぎ、2008 年のフォーブズ長者番付では、台湾内で 20 位にランキングされた。

　台湾版「白洲次郎」ともいえそうな外交官・張超英は幼いころ、実家が林熊徴と親交があったため、その死の前日に一椀ずつの「切仔麺」を共にしたという。そして、林熊徴こそはかつて台湾一の富豪であり、その大富豪が死ぬ前に食べたのが台湾でもっとも安い切仔麺であったこと、またその死後に訳の分からない者達によって多くの財産が持っていかれたことを踏まえ、こんな内容のことを述べている。

　「それはわたしの金というものへの見方に深く影響した。金を貯めることの虚しさ、そして金をいかに使うかを知ってこそ人生が有意義なものとなることを、林熊徴の死は教えてくれた」（宮前町九十番地／張超英口述／陳柔縉／時報出版）

永和環河東路三段
╳
成功路

　　從台北市的公館跨越福和橋，就來到了新北市的永和區。

　　在清領時期，較早從中國渡台的福建泉州移民，經常與晚來的漳州人發生衝突。因此，「永和」之名，就是源自於祈願「和平」而命名。

　　如果想像他們的生活，一邊與同樣來自福建故鄉的人競爭，一邊又害怕遭到原住民襲擊，這種情況下，生活應該感到很不安吧。

　　台灣的街道上可見到許多「廟」，這些廟宇之所以出現，一方面具備著「望樓」的功能，可監視是否有外來攻擊，一方面也祭祀自己所信奉的神明，象徵在械鬥中獲得勝利。

　　清代，相對於台北大部分被稱為「大加

　台北市内の公館から福和橋を渡れば、そこは新北市の永和区である。

　清の時代に、比較的早い時期から移民してきた中国福建の泉州人と後からきた漳州人は事ある毎に衝突した。そのため「永和」は「永久的な和平」を願って名付けられた名だという。

　かつての生活を思ってみれば、中国福建の故郷を同じくする人々と争い、一方では原住民の襲撃の恐怖におびえながらの暮らしはどんなにか心もとないものだったろう。

　台湾の街には多くの廟がみられるが、それぞれの成り

蛤堡」，新北市的板橋、中和、永和、土城一帶，被稱為
「擺接堡」，而照片中的 Y 字路一帶稱為秀朗庄。秀朗庄
之名，源自於原本居住在這一帶的原住民凱達格蘭族的秀
朗社。早在 17 世紀清朝統治時期，自福建來北投採硫磺的
郁永河，即在他的台灣見聞錄《裨海紀遊》當中出現了秀
朗社之名。《裨海紀遊》中提到 1694 年，因康熙大地震引
發液化現象而形成了「康熙台北湖」（是一座面積達數十
平方公里的巨大湖泊，使得目前台北市的大部分地區都沉
在水底）；然而此說法的真實性尚未被證實（另一個說法
認為的確有湖泊存在，但範圍大約是從關渡到社子島周遭，
則較有可信度）。

　　在 2016 年 2 月 6 日發生台灣南部地震之後，台北屬於
土壤液化高危險區的相關資訊公布，使得民眾感受到很大
的不安。如果「台北湖」的史實是真，那麼台北市內不僅
僅是一小部分，恐怕大部分都有液化的可能。然而，這應
該是杞人憂天的想法吧。

　　這條 Y 字路上，右側的成功路曾經是名為「永豐圳」
的溝渠，新店一帶有許多地方都還可見到這條溝渠的痕跡。
永和的土壤由於較為粗糙，適合蘿蔔生長，因此這一帶曾
經遍佈著廣闊的蘿蔔田。日治時期，從這條成功路稍微往
前之處，曾經利用傾斜地勢，設置水車（水碓仔），或許
居住在附近的農家婦女，曾經戴著頭巾在水邊清洗蘿蔔呢。

立ちに、外からの攻撃を見張るための櫓（やぐら）とし
ての機能や、自分の信仰する神様を祀ることで土地爭い
に勝利したことを示す役割があったようだ。

　清の時代には、台北の大部分を「大加蚋堡」と言っ
たのに對し、新北市の板橋、中和、永和、土城あたりを
指して「擺接堡」といい、特にこの Y 字路あたりは秀朗
庄と呼ばれていた。秀朗庄とは元々このあたりに住んで
いた原住民ケタガラン族秀朗社の名前から取られたもの
で、早くは 17 世紀の清代に福建から北投に硫黄を採取
しに來た、郁永河の台湾見聞錄『裨海紀遊』（ひかいき
いう）にその名を見つけることができる。裨海紀遊は、
1694 年の康熙大地震の液狀化現象で台北市の大部分が水
底にしずみ出來たという、數十平方キロメートルに及ぶ
巨大な湖、「康熙台北湖」の殆んど唯一の根據となって
いるが、その真偽は今も定かではない。現在のところ、
湖はあったが、むしろ範囲は關渡から社子島あたりまで
だったという説が有力である。

　2016 年 2 月 6 日に發生した台湾南部地震以降、台北で
は液狀化リスクの高い地域が相次いで發表されて住民の
不安を大きく煽っている。もしこの台北湖のはなしが本
当であれば、台北市内の一部に留まらず液狀化の恐れが
あることになる。杞憂であるに越したことはないが、300
年前に台北でも其れほどに大きな地震が起こったことが
あるというのは、心の備えとして一応記憶に留めておく

　　每到週末，在這條河邊會舉辦「福和橋跳蚤市場」，
與天母等跳蚤市場中、年輕人販賣衣服等較為時髦的市集
相比，這裡有著本質上的差異，所流露的庶民氣氛，令人
聯想起大阪西成區的「ドヤ街（廉價旅館街）」（**譯註：ド
ヤ街原本為日雇勞動者聚集之地，有許多簡易便宜的旅館，ドヤ乃是將
宿之讀音ヤド反轉而來**）中從一大早就開始的「小偷市集」。
西成的小偷市集如名稱所示，有許多販賣違法香菸、盜版
影帶，以及不明來歷物品（恐怕是撿來的）的攤位，據說
也販售贓物。我曾經在十幾年前去過小偷市集，其中最讓
我感到不可思議且難以忘懷的是一位歐吉桑，在他面前的
草蓆上，只擺放著關有麻雀的鳥籠以及一支球棒。如果相
較於小偷市集混沌不明的狀態，福和橋的市集雖然有著庶
民氣氛，但還可以算是比較普通的跳蚤市場。

　　大阪西成周邊由於都更，似乎變化很大，小偷市集不
知是否仍然健在？

べきかも知れない。

　このY字路、右側の成功路にはかつて水路があった。名前を「永豐圳」といい、新店一帯には所どころ疏水のままの姿で今も残っている。永和の土地はザラついていて大根栽培に適していたため一帯には大根畑が広がっていたという。日本時代、この成功路を少し進んだところには斜面を利用した水車（水碓仔）が回っていたが、その脇では農家のおかあちゃん達があねさん被りをして大根を洗っていたかも知れない。

　週末にはこの川岸で福和橋フリマーケットが開かれるが、若者が衣服などを並べる天母などの小洒落たフリマとは根本的に異なり、その泥臭さにおいては大阪・西成区のドヤ街で早朝にたつ通称「泥棒市」を思い起こさせる。西成の泥棒市はその名の通り、違法タバコや違法ビデオ、出どころのわからないガラクタ（恐らく拾ったもの）を並べたブースが並び、盗品もさばかれていたと聞く。もう十何年もまえのことながら何とも不可解で忘れられないのは、雀の入った鳥かごとバット一本のみをござに並べて売っていたオジサンである。そのカオスさ加減からすれば、福和橋のフリーマーケットは泥臭いといえども割と普通の蚤の市といえるだろう。

　大阪西成の周辺も再開発でずいぶんと変わってしまったようだが、泥棒市はまだ健在だろうか。

三芝芝柏路
╳
晴光街

　　有位穿著運動衫的個性美女，一手拿著有如明頓瓷器（**譯註：英國瓷器，創始於1793年**）般的馬克杯，正帶著狗散步。我與她擦肩而過，一瞬間，令我有著好像身在東京南麻布一帶的錯覺。然而，往天空一望，老鷹慢慢地滑翔而過，可知這裡離海邊很近。

　　這裡是新北市三芝的芝柏。

　　前總統李登輝先生的故鄉三芝，是有名的別墅區，不過，從三十年前起，開始有一些藝術家移居此地；現在這裡有四座藝術村——芝蘭、芝柏、圓山頂、楓愛林，有許多藝術家居住其中，製作繪畫、雕刻、陶藝等作品。

　　這裡是其中之一的「芝柏藝術村」。位於中心的芝柏路，有如九連環般地扣著其他道

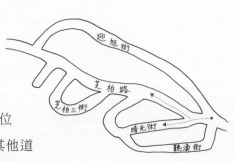

　ミントンらしきティーカップを片手に、ジャージ姿の
クールな美女が犬を散歩しているのにすれ違い、一瞬、
東京南麻布にでも居るのかと錯覚したが、空を見上げる
とトンビがゆったりと飛んでいて、海が近いことがわか
る。

　ここは、新北市の三芝・芝柏。

　李登輝元総統の生まれ故郷である三芝は有名な別荘地
だが、30 年ほど前から少しずつ芸術家が移り住むように
なり、現在は芝蘭・芝柏・圓山頂・楓愛林と 4 つの芸術
村に絵画・彫刻・陶芸など多くのアーティストが暮らし
ている。その中のひとつ、芝柏芸術村。中心を走る芝柏
路に、知恵の輪を引っ掛けたように走るそれぞれの道路
の名前は「迎旭街（朝日を迎えるまち）」「聴濤街（波

路，「迎旭街」、「聽濤街」、「觀海街」等街道名稱，似乎可以變成日本歌謠曲名般。

在這裡遇到的是「龍貓Ｙ字路」，從「幸福王國」的招牌來看，推測這裡大概是一間咖啡店吧。這裡成排的獨棟房屋，每間都展現著自我風格；觀察這些房子的表情，可以感受到居民們「樂在生活」的熱情。

一進入藝術村，就可見到「布袋戲」名家李天祿的「布袋戲文物館」。李天祿經常在侯孝賢導演的電影作品中演出，特別是描述其生平的「戲夢人生」（導演：侯孝賢／劇本：吳念真‧朱天文／1993年）。

李天祿自幼即在祖父家接受布袋戲訓練，少年時曾經受到繼母虐待。中日戰爭開始後與皇民化時期，台灣被禁止在戲劇表演中穿著傳統服裝與以台語演出。當李天祿在疏散地聽到戰爭結束、返回台北時，全部的財產僅剩下五錢。之後於戰後的混亂中，他的兒子也因瘧疾而去世。

這部影片的時間點，接續到作為「悲情城市」電影舞台的二二八事件發生時期。電影中將日本統治台灣五十年間的台灣人處境，藉由一名布袋戲操偶藝師，以抒情的手法敘述出來。

の聞こえるまち）」「観海街（海の見えるまち）」と、
歌謡曲のタイトルにでもなりそう。

　ここで、トトロのいるY字路に出会った。幸福王国と
看板があり、どうやらカフェらしい。立ちならぶ一軒家
の各々がめいっぱい自己表現している。その表情を見て
いるだけで、住人たちの「おもしろく暮らしたい！」と
いう情熱が伝わってくるようだ。

　芸術村に入るとすぐに、布袋戯の名手である李天祿の
「布袋戯文物館」があった。侯孝賢（ホウ・シャウシェン）
監督作品の常連でもある李天祿だが、特にその半生を描
いた映画「戯夢人生」（監督：侯孝賢／脚本：呉念真・朱天文
／1993年）を抜きには語れないだろう。

　おさない頃から祖父の家で芸を仕込まれ、継母に辛い
仕打ちを受けた少年時代。成長して劇団を持つものの、
日中戦争の開始と皇民化運動の煽りをうけ、伝統的な衣
装や台湾語での上演が禁止された時代。疎開に行った先
で終戦を聞いて台北に戻った時の全財産はわずか5銭、
戦後の混乱のなかマラリアで息子をうしなう。

　映画「悲情城市」のテーマとなった二二八事件の時期
に繋がるまでの、日本統治50年の間の台湾人の姿を、ひ
とりの人形遣いをとおして抒情ゆたかに描きあげた。カ
ンヌ映画祭では審査員賞を受賞、黒澤明監督をして傑作
と言わしめた作品である。

　小津安二郎を思わせる、固定された画面の中で生まれ
ては消えてゆく生活模様は、まるで小さな舞台で上演さ

這部影片在坎城影展中獲得評審團獎，並被導演黑澤明譽為傑作。

「戲夢人生」令人聯想起小津安二郎的作品，在固定的畫面中出現又消失的生活場景，有如觀看在小小舞台中搬演的「布袋戲」一般。「布袋戲」舞台裝置的後方，為布幕所遮蔽而無法看見；同樣的，在電影畫面中被牆壁所遮蔽而無法看到的黑暗處，隱藏了真實的生活。當我們回過頭來審視「歷史」，於其中浮現的，只不過是事實的一小部分，而這部電影便如實地傳達出這一點。

國寶級的布袋戲操偶藝師李天祿，生於日治時代，並於戰後的混亂中生存下來，1996 年，終於得償夙願，在三峽設立「博物館」。然而在博物館開幕的兩年後，卻因心臟病發而去世，享年八十八歲。

在電影中，作為敘述者的李天祿，手中經常夾著香菸，煙氣冉冉上升。整部電影中，以各種形式出現的「煙」，例如線香或爆竹、火葬的煙、煮飯的水蒸氣等，令我聯想起兼好法師**（編註：吉田兼好，日本南北朝時期的法師，文學造詣深厚）**〈徒然草〉中的一段：

「倘若無常野露永不消失，鳥邊山煙常在，人生在世不老長生，則世間還有什麼情趣與哀愁呢。唯世間萬物無常，人生才有妙趣。」

れる布袋戲を観ているようだ。布袋戲の舞台装置の裏方がカーテンに隠れて見えないのと同じく、画面の中で壁に遮られたり暗かったりで見えない部分に本当の生活は隠れている。後から振りかえり歴史の上に浮かんで見えてくるものは、事実のほんの一部でしかないということを、映画は如実に語る。

　日本時代にうまれてから戦後の混乱を生きぬき、国宝級の人形遣いと言われるまでになった李天祿にとっての悲願が、ここ三芝での博物館設立であった。1996 年、李天祿の願いは叶い博物館は終に開幕するが、そのすぐ 2 年後に心臓発作でこの世を去る。88 歳であった。

　映画の中で、ナレーションの李天祿の手には煙をくゆらせるタバコが常に挟まれている。全編において線香や爆竹、火葬の煙、炊飯の湯気として姿を変えながら立ち現れる煙を見ていて、浮かんできたのは兼好法師「徒然草」のこんな一節だった。

　「あだし野の露きゆる時なく、鳥辺山の烟立ちさらでのみ住みはつるならひならば、いかにもののあはれもなからん」

新竹內灣中正路

　　從新竹延伸至橫山鄉的鐵道，自終戰（1945年）前一年開始建設，然而卻因材料不足而中止。1947-1951年間重新鋪設，並在台鐵的經營下開通，命名為「內灣線」。

　　這裡是內灣線終點站「內灣老街」的Y字路，其右側是建造於日治時期的木造建築——「內灣戲院」。日治時期，尖石山盛產木材與礦石，內灣老街正好位於通往尖石山的主要道路上，因此曾經聚集人潮，十分繁榮，並且為了在山中工作者的娛樂需求，建造了電影院。此地繁盛的景況，在1950年代達到高峰，然而隨著林業衰退，昔日榮景已成明日黃花。現在，這裡的居民以客家人佔多數，週末有許多觀光客來此尋覓客家美食等，成為觀光景點，昔日的電影院也成為經營客家料理的餐廳。

　　在此Y字路的中心，有個十分醒目招搖的白化魚廣

　終戦の前年に建設が始められたものの、資材不足で建設中止となった新竹から横山郷にのびる線路は、その後1947~1951 年にかけて台鉄によって開業され「内湾線」と名がついた。

　ここはその内湾線の終着駅にある内湾老街の Y 字路。

　右側に見えるのは日本時代に作られた木造建築の内湾戯院で、山で働く多くの労働者のための娯楽施設が必要となり、建てられた映画館である。木材や鉱石が豊富に産出された尖石山へと続く主要道路の途中に位置したこ内湾老街は、1950 年代をピークに多くの人で栄えたが、林業の衰退と共にその賑わいも過去のものとなった。現在は、住民の多くを占める客家系の人々の食べ物などを目当てに週末は沢山の観光客が訪れる人気スポットとなっており、映画館も客家料理レストランとして営業している。

告，是位於坡道上的「幻多奇另類博物館」的招牌。

幻多奇另類博物館展示著大蛇的蛻皮、乾屍，以及動物標本等各式各樣不尋常之物，不禁令我想起，以前在日本的觀光勝地，也到處都有這類「秘寶館」，館中有見世物小屋（**譯註：展示一些珍奇物品、魔術、雜耍、或者不尋常的動物與人類等，並收取費用的表演**）、亦即英文中所謂「erotic museum」的娛樂設施，陳列著與性風俗相關的各式猥褻物品。這類設施在 1960-1980 年代的日本十分受歡迎，現在有不少秘寶館已經關閉，但在當時，新婚旅行或者公司的團體旅行經常會一起去參觀這類設施，令人感到當時真是一個樂天的時代啊！不知道台灣是否也曾經有過類似「秘寶館」的設施呢？

提到台灣的見世物小屋，令人聯想起 2013 年大受歡迎的賣座電影「總舖師」的導演陳玉勳，在他的電影出道作「熱帶魚」（1994 年）中，也曾經出現過見世物小屋的蛇女。日本也曾經有過類似情景，一直到 1990 年代，京都的八坂神社每逢櫻花季都必然會擺設見世物小屋；那時候有位名為「春婆婆」的有名人物，她有個大鎖，可以從鼻子進去再從嘴巴出來，同時也表演吞蛇等節目。之後，雖然櫻花依然每年綻放，但是有著春婆婆的見世物小屋風景已然消失；我已經想不起來，最後看到這樣的風景到底是何時的事了。

　ところで、この Y 字路の中心にデカデカと目立っているアルビノの魚の広告は、この坂道を上ったところにある「幻多奇另類博物館」の看板である。

　ここでは大蛇の抜け殻とか干し首とか動物の剥製とかちょっと変なものが色々見られるらしいのだが、日本人としては、かつて日本の観光地ならどこにでもあった「秘宝館」を思い出さずにはいられない。秘宝館は、性風俗にまつわる色んなイカガワシイものが見世物小屋的に飾ってある、英語でいうところの「erotic museum」と呼ばれる娯楽施設で、1960~80 年代にかけて日本では絶大な人気を博した。現在はその多くが閉館してしまったけれど、当時は新婚旅行や会社の団体旅行でこぞって出かけたというのだから、ノーテンキな時代だったのだと思う。台湾にも「秘宝館」ってあったのだろうか。

　見世物小屋といえば、2013 年に国民的ヒットを飛ばした映画「總舗師」（邦題：祝宴！シェフ）の、陳玉勳監督の長編デビュー作「熱帯魚」(1994) に出てきた見世物小屋の蛇女を思い出す。似たようなものは日本にもあって、京都の八坂神社では 1990 年代まで、桜の季節になると決まって見世物小屋が掛かっていた。たしか、おハルさんという名物のお婆さんがいて、太い鎖を鼻から入れて口から出したり、蛇を呑んだりしていた。それからも桜は毎年変わらず咲くが、おハル婆さんが居た見世物小屋のある風景を見ることはない。最後にみかけたのがいつだったかも、もう、思い出せない。

台南市友愛東街
×
青年路

　　台南是於清代之前作為台灣的政經中心而發展的城市。走在街上，到處可見到古蹟與老舖，難怪被稱為「台灣的京都」。

　　在台南旅行時，正好閱讀台南望族出生的料理研究家辛永清（1933-2002 年，活躍於日本 NHK「今日的料理」等節目）的散文《安閑園的飯桌》。書中，辛女士提到她年幼時，由於街上沒有寶石店，因此每年兩、三回，有位纏足的阿婆會揹著裝滿寶石的箱子來訪。每次她來訪時，家中一定會準備比平常更豐盛的點心，因此小孩都很期待她的到來。

　　「我最喜歡的點心是『萬川』的包子，但這不是經常可以吃到的。」

　　周旋在有錢人家之間的阿婆，所帶來的不僅是寶石，還有別人家的小道消息，甚至居中說媒。所以，

　清代には台湾の中心として発展した台南。街を歩けば
あちこちで古跡や老舗に出会うので、「台湾の京都」と
呼ばれるのもうなずける。

　台南を旅していたときにちょうど、日本の NHK「きょ
うの料理」などで活躍した台南の名家出身の料理研究家
・辛永清さん（1933-2002）のエッセイ『安閑園の食卓』
読んでいて、こんなくだりに出くわした。

　辛さんの小さいころは街に宝石屋などなく、年に 2、3
回ほど纏足のおばあさんが宝石の詰まった箱をよいしょ
よいしょと背負って訪ねて来るのが常だったという。子
供心にもその訪問は嬉しいもので、というのも、宝石売
りのおばあさんが来る時には決まって、いつもより豪華

每當寶石阿婆來訪時，每個家庭都會十分盡心地招待她。

「『萬川』是賣餃子與肉包的店，特別是他們的肉包，可說是台南第一。『萬川』的肉包，與『萬川』隔壁的滷鴨翅配茶，對我來說，就是最高級的點心了。」

讀到這一段時，我試著在網路上檢索，果然「萬川」這間店現在還在營業。我立即感到坐立不安，在參觀孔子廟後，馬上前往位於孔廟前友愛街的「萬川號」。在友愛街與民權路、青年路交會處的Ｙ字路上，我找到了這間店。

無論是肉包或者菜包，都是不曾在台北嚐過的味道。菜包中包滿了香菇、木耳、紅蘿蔔、芋頭、慈姑等，有著纖細的美味。店內寬敞清潔、清淨的空氣，令人想起京都和菓子店與香店的氣氛。「萬川」的對面是冰店，販賣的是加上蜜餞佐料的刨冰。這兩家店都飄散著老舖的氣息，看起來有著與眾不同的美味。

這不是沒有原因的，這一帶在日治時期稱為「高砂町」，是富裕的台灣人家庭（本島人）居住的地區。作家也是企業家的邱永漢，就出生於高砂町，他的老家對於美食的執著十分有名。雖然他是直木賞的作家，但又被稱為「賺錢之神」，於財務管理方面較為出名，不過我最喜歡的還是他所書寫與飲食相關的散文，例如〈吃在廣州〉、〈象牙箸〉、〈太太喜歡料理〉等。

邱永漢本人就很懂得吃，而他的妻子也是料理研究家，

なおやつが待っていたからだ。

　「私のいちばん好きだったおやつは『萬川』のお饅頭なのだが、しょっちゅう食べさせてもらえるものではない」

　裕福な家々をまわっていたおばあさんが持っていたのは宝石だけではなく他所の家の噂や縁談も付いていたというから、おばあさんが来る時には各家庭きっと相当な気合いを入れたに違いない。

　「『萬川』は餃子と肉饅頭を作っている店で、ことに肉饅頭は台南一といっていいぐらいのものだった。『萬川』の肉饅頭と『萬川』の隣の店で売っている鴨の手羽先を煮込んだものでお茶にするのが、私にとって、最高の豪華なおやつというわけである」

　これを読んでネットで検索してみると、果たして肉饅頭を売る「萬川」はまだあった。居ても立ってもいられなくなり、孔子廟を見学した足で、その前の友愛街を「萬川」目指してまっすぐ進んだ。そして、友愛街が民權路、青年路と交わるY字路に、店はあった。

　肉まんも野菜まんも、台北では食べたことのない味だった。野菜まんは、しいたけやきくらげ、人参、タロイモやクワイがたっぷり入った繊細な美味しさである。店内はひろびろとして清潔で、清浄な空気が京都の和菓子屋さんやお香屋さんを思わせた。向い側には、ドライフルーツを使ったかき氷のお店。どのお店も老舗の雰囲気

妻子的姊姊臼田素娥與女兒也是料理研究家。
包括辛永清在內，幾位在日本活躍、精通飲食
文化的台灣人，都是台南出身，我想應該不是
偶然，可說是鮮明地體現出台南作為「美食都
市」的名聲吧。

　　邱永漢年輕時曾因投身台灣獨立運動而流
亡香港，這段經歷現在已不太為人所知。實際
上，民權路一段這附近，也是前台南市長張燦
鍙與前立法委員王幸男等台灣獨立運動志士的
出生地，因此這裡又被稱為「台獨街」。

　　提到台南，大家都認為這裡是支持台灣獨
立的地方，或許其出發點是來自於對自己家鄉
的愛吧。

　　在台南散步時，這樣的想法突然浮現於腦
海中。

を漂わせ、とびきり美味しそうに見える。

　それもそのはず、このあたりは日本時代に高砂町と呼ばれ、裕福な台湾人（本島人）が暮らすエリアだった。作家で実業家の邱永漢氏も高砂町の生まれで、実家は食にうるさいので有名だったという。直木賞作家というよりも、「金儲けの神様」と呼ばれむしろ財テクの方が有名な邱永漢さんだが、わたしが好きなのはやっぱり食に関するエッセイで、『食は広州にあり』も『象牙の箸』も『奥様はお料理がお好き』も素晴らしいと思う。

　邱さん御本人が食通という以外に、奥様も料理研究家、実の姉の臼田素娥さんとその娘さんも料理研究家であるらしい。辛永清さん含め、日本で活躍する食のプロが幾人も台南から生まれているのは偶然ではないと思う。「美食の街・台南」の面目躍如といったところだろう。

　さて邱永漢さんだが、若いころは台湾独立運動に身を投じて香港に亡命した経歴をもつことは、今やあまり知られていない。じつはこの民権路一段あたり、前台南市長の張燦鍙氏や前立法委員（国会議員）であった王幸男氏など台湾独立運動の志士たちが生まれた場所でもあり、「台獨街」の別名を持つ。

　台南といえば、台湾独立を支持する土地柄というイメージがあるが、その原点は自分たちの暮らす街を愛するところから始まっているのかも知れないな。

　台南の街を歩きながら、そんなふうに考えた。

高雄市市中一路
×
光復二街

愛之河
ラブのリバー

這條 Y 字路，是我到高雄旅行，住在愛河岸邊的國賓大飯店時，於飯店後方發現的。

「富貴功名天主賜福」「慶迎戶人掌召主恩」

在這附近散步時，看到了這樣的春聯，似乎與一般春聯的意趣有些不同，而在道路兩旁隨處可見的招牌與廣告中，也出現了「主」、「恩」、「天」、「愛」等文字。

這也難怪，在這條 Y 字路左側後方有著台灣最早建造的教會「玫瑰聖母聖殿司教座堂」。這裡可說是台灣天主教的發祥地，而那是 1860 年、高雄還被稱為「打狗」時代的事。

在國賓大飯店的樓上，一邊眺望愛河一邊遙想著，日治時期被稱為「高雄川」的愛河，為何變成這個充滿浪漫氣息的名字？而這當中有這麼一說，1948 年，位於

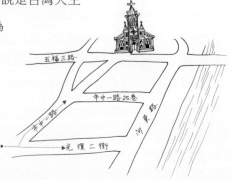

　高雄に旅行した際に泊まった愛河沿いの、アンバサダーホテル裏にみつけた Y 字路。

　「富貴功名天主賜福」

　「慶迎戸人掌召主恩」

　付近を散歩していると、こんな文句の春聯（お正月に入り口にはる赤い紙）に出会った。一般的な春聯とは少々趣きが異なるようだ。それ以外にも、通りのいたるところ、看板や張り紙に「主」とか「恩」「天」「愛」の字がみえる。

　それもそのはず、上の写真の Y 字路の左側奥には台湾で一番最初に建造された教会「玫瑰聖母聖殿司教座堂」、

高雄川的「愛河遊船所（愛河遊船處）」，招牌中的「遊
船所」三個字在某次颱風時被吹走，不久之後，這條河又
發生殉情事件，於是在當時新聞報導的照片中，拍攝到的
招牌中只寫著「愛河」兩個字，「愛河」的稱呼遂開始大
為流行，後來逐漸變成正式名稱──這樣的故事似乎可以
拍成電影呢。讀到這個事件，令我聯想起電影「感官世
界」，電影主角阿部定在愛和性慾高漲下，將情人殺死並
切下其身體局部。不過，這樣的聯想或許只是單純由於電
影的名稱與「愛河＝ Love River」的發音相近的關係吧！（**譯
註：「感官世界」的日語片名為「愛のコリーダ」，コリーダ源自西班
牙語之 corrida，為鬥牛之意**）

　　玫瑰教會、愛之河、港都的氛圍，不由得令人感受到
浪漫傳奇的氣息；高雄，就是這樣的城市。

日本語で「薔薇の教会」がある。つまりここは、台湾カトリック発祥の地なのだ。1860 年、高雄がまだ打狗（ダーゴウ）と呼ばれていたころの話である。

　アンバサダーの上階から愛河を見下ろしながら考える。日本時代には高雄川と呼ばれた愛河。それがなぜ愛河なんてロマンチックな名前で呼ばれるようになったのだろう？

　こんな説がある。1948 年の台風で高雄川にあった愛河遊船所の看板の「遊船所」の文字が吹き飛んでしまった。その後ほどなくして、川で心中事件が発生し、その報道写真のなかに看板の一部であった愛河の文字が映りこんでいたことから、「愛河」という呼び名が大流行し、その後定着したというのである。なんとなく、映画になりそうな話ではないだろうか。この話を読んで、わたしが連想したのは愛欲の末に情人を殺して局部を切り取った毒婦、阿部定を題材にとった映画「愛のコリーダ」である。って、単に「愛河 = Love River」と響きが似てるってだけかも知れないが。

　薔薇の教会に、愛の川。

　港町ということも相まって、なんとはなしにロマンスを感じさせる、高雄はそんな街だ。

資料提供

‧中研院人社中心 GIS 專題中心：台北市百年歷史地圖
‧枋橋文化協會

參考文獻

‧安閑園の食卓 私の台南物語／辛永清／集英社文庫
‧台北城的故事／趙莒玲／知青頻道出版有限公司
‧宮前町九十番地／張超英口述／陳柔縉執筆／時報出版
‧梅氏家族部落格／http://blog.xuite.net/meiyuan989/twblog
‧大台北地區水圳、溝渠／Wayne Su/Google Map
‧西日本新聞朝刊（2010 年 4 月 6 日）
‧風刺漫画で読み解く〜日本統治下の台湾／坂野德隆／平凡社新書
‧〈外地〉の日本語文学選〜南方・南洋／台湾／黒川創編／新宿書房
‧鹿港からきた男／山口守編／国書刊行会
‧灣生・風土・立石鐵臣／邱函妮／雄獅美術
‧神戸、書いてどうなるのか／安田謙一／ぴあ

國家圖書館出版品預行編目（CIP）資料

在臺灣尋找 Ｙ 字路／栖來光著；邱函妮譯．-- 初版．--
　　臺北市：玉山社，2017.01
　　面；　　公分．--（生活．臺灣．人文；21）
中日對照
ISBN 978-986-294-145-4（平裝）

1. 老街 2. 臺灣

733.6　　　　　　　　　　　　　　　　　105024469

生活・台灣 人文21

在台灣尋找 Ｙ 字路

作　　者／栖來光（栖來ひかり／Sumiki Hikari）
譯　　者／邱函妮
發 行 人／魏淑貞
出 版 者／玉山社出版事業股份有限公司
　　　　　台北市 106 仁愛路四段 145 號 3 樓之 2
　　　　　電話／(02) 27753736
　　　　　傳真／(02) 27753776
　　　　　電子郵件地址／tipi395@ms19.hinet.net
　　　　　玉山社網站網址／http://www.tipi.com.tw
　　　　　郵撥／18599799　玉山社出版事業股份有限公司

責任編輯／蔡明雲
內文版型、封面設計／賴佳韋工作室
行銷企劃副理／侯欣妘
業務行政／林欣怡
法律顧問／魏千峯律師

定價：新台幣 399 元
初版一刷：2017 年 1 月　　初版二刷：2019 年 10 月